Kreaturen nach Maß

Tiere und Gegenwartsdesign

Creatures Made to Measure

Animals and Contemporary Design

Marta Herford

KERBER CULTURE

Inhalt / Content

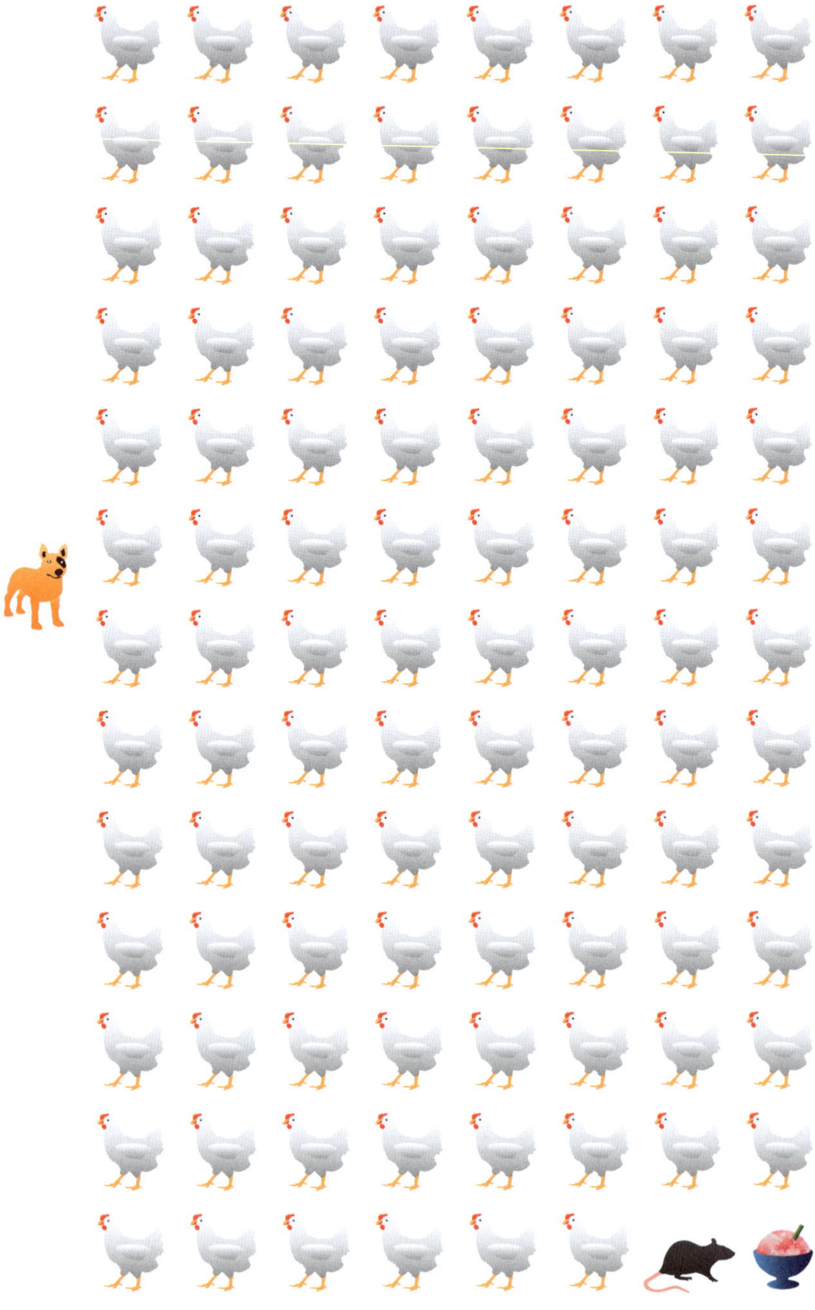

Roland Nachtigäller

Vorwort

Etwas kommt ins Rutschen in diesen Tagen.

Fast 300.000 Menschen unterzeichneten die Petition gegen das Einschläfern eines Hundes, der seine beiden Besitzer totgebissen hatte. Über 400.000 Tiere werden an einem einzigen Tag in einem niedersächsischen Geflügelschlachthof für die Nahrungsmittelindustrie getötet. Eine Baby-Kornnatter als Haustier ist bereits für einen Euro im Internet zu bestellen und wird mit dem Paketdienst zugestellt. Rattengift besteht in der Regel aus Gerinnungshemmern, die dazu führen, dass sich die Gefäßwände auflösen und das Nagetier innerhalb von 3–7 Tagen innerlich verblutet.

Wie passt das alles zusammen?

Das Verhältnis zwischen Menschen und Tieren ist komplex und nicht erst heute widersprüchlich. Schon allein die Grenzziehung zwischen den Spezies und ihrer Bewertung ist Anlass heftiger Auseinandersetzungen, die spätestens seit 1970 von dem britischen Psychologen Richard Ryder durch die Einführung des Begriffs *Speziesismus* auch theoretisch unterfüttert wurde. Heutige Tierrechtsbewegungen und der Veganismus basieren auf der Konzeption, dass die Unterteilung der Lebewesen in Spezies eine soziale Konstruktion und damit ein Unterdrückungssystem ist, das lediglich zur Rechtfertigung der Ausbeutung von Tieren durch den Menschen dient. Rein sprachlich wird der klassische Mensch-Tier-Dualismus durch den Begriff der *nichtmenschlichen Tiere* differenziert und damit der Mensch in die Kategorie der tierlichen Lebewesen integriert.

Trotz dieser zum Teil sehr radikal und bisweilen sogar gewalttätig geführten Auseinandersetzungen um den Status des Tieres innerhalb der Weltgemeinschaft bleibt allerdings bisher noch die Grundannahme bestehen, dass der Mensch mit seinem Intelligenzstatus in einem Überlegenheitsmodus agiert. Er macht sich nach wie vor im biblischen Sinne »die Erde untertan« – im Guten, indem Forschung und intellektuelle Leistungen helfen, die Welt in ihren Grundstrukturen besser zu verstehen; im Schlechten, indem Ausbeutung und Verwertung alle belebten und unbelebten Ressourcen zum eigenen Wohl plündern.

Lässt man einmal die moralische Kategorie des menschlichen Handelns beiseite, so kann man im weitesten Sinne diese gestalterische Interaktion zwischen Mensch und Kreatur als Design verstehen. Tiere werden dabei so behandelt oder genutzt, dass diese sich den menschlichen Bedürfnissen weitgehend unterordnen – egal ob als geliebtes Haustier oder als effizient gezüchtetes Nahrungsmittel –, oder von Robotern in Tiergestalt oder durch Laborfleisch ersetzt werden. Es wird sich nicht zuletzt auch die Zukunft der Menschheit daran messen lassen, inwieweit das Design der kreatürlichen Interaktionen nach dem *richtigen Maß* erfolgt, inwieweit letztlich Design nicht nur das Mögliche erprobt, sondern auch das Nötige gestaltet. Es scheint, als sei die Menschheit zu Beginn des 21. Jahrhunderts hier an einem weiteren Schlüsselmoment angelangt.

Ich möchte vor allem Tanja Seiner sehr herzlich für die Anregung und die intensive Vorarbeit zu dieser Ausstellung danken. Gemeinsam mit dem kuratorischen Team im Marta Herford entstand so eine Ausstellung, die weniger Antworten auf die existenziellen Herausforderungen unserer Zeit gibt, als Fragen in den gesellschaftlichen Raum stellt.

Preface

Something is starting to shift.

Almost 300,000 people signed a petition, after a dog had mauled its two owners to death, calling for it not to be put down. More than 400,000 animals are killed for the food industry every single day at a poultry slaughterhouse in Lower Saxony alone. A pet baby corn snake can be ordered on the internet for just a euro and delivered to your door. Rat poison, which works by dissolving a rodent's vascular walls with anticoagulants, making it bleed to death internally within 3–7 days.

How can these inconsistent attitudes be reconciled?

The relationship between humans and animals is complex and has long been contradictory. The fact that we treat species differently sparked intense debate, which was theoretically underpinned by British psychologist Richard Ryder in 1970 when he coined the term *speciesism*. Today's animal rights movements and veganism are based on the view that dividing living things into species is a social construct and thus a system of oppression only serving to justify humans' exploitation of animals. In purely linguistic terms, the traditional duality between humans and animals can be integrated by introducing the concept of *non-human animals* – and hence incorporating humans into the category of animal beings.

Despite the sometimes radical, occasionally even violent argument about the status of animals in the world community, the basic assumption remains that humankind with its level of intelligence acts in a position of superiority. Humans continue to "subdue the earth" in the biblical sense – for the better by harnessing research and intellectual achievements to better understand the basic structures of the world, and for the worse by exploiting the planet's animate and inanimate resources for their own benefit.

Leaving for now the moral category of human activity aside, this creative interaction between humans and creatures can be regarded in the broadest sense as design. Animals are treated or used such that they largely subordinate themselves to human needs – whether as a beloved pet or an efficiently bred foodstuff – or are replaced by robots in animal form or meat cultured in a laboratory.
Last but not least, the future of humankind will be judged by whether the design of creaturely interactions takes place to the *right measure* – and ultimately whether design doesn't just test the possible but also creates the necessary. It seems that at the beginning of the twenty-first century, humanity has arrived at another key moment.

I am indebted above all to Tanja Seiner for her original proposal and her intensive preparation for the exhibition. Together with the curatorial team at Marta Herford, an exhibition has been produced which, rather than answering the existential challenges of our time, asks questions of society.

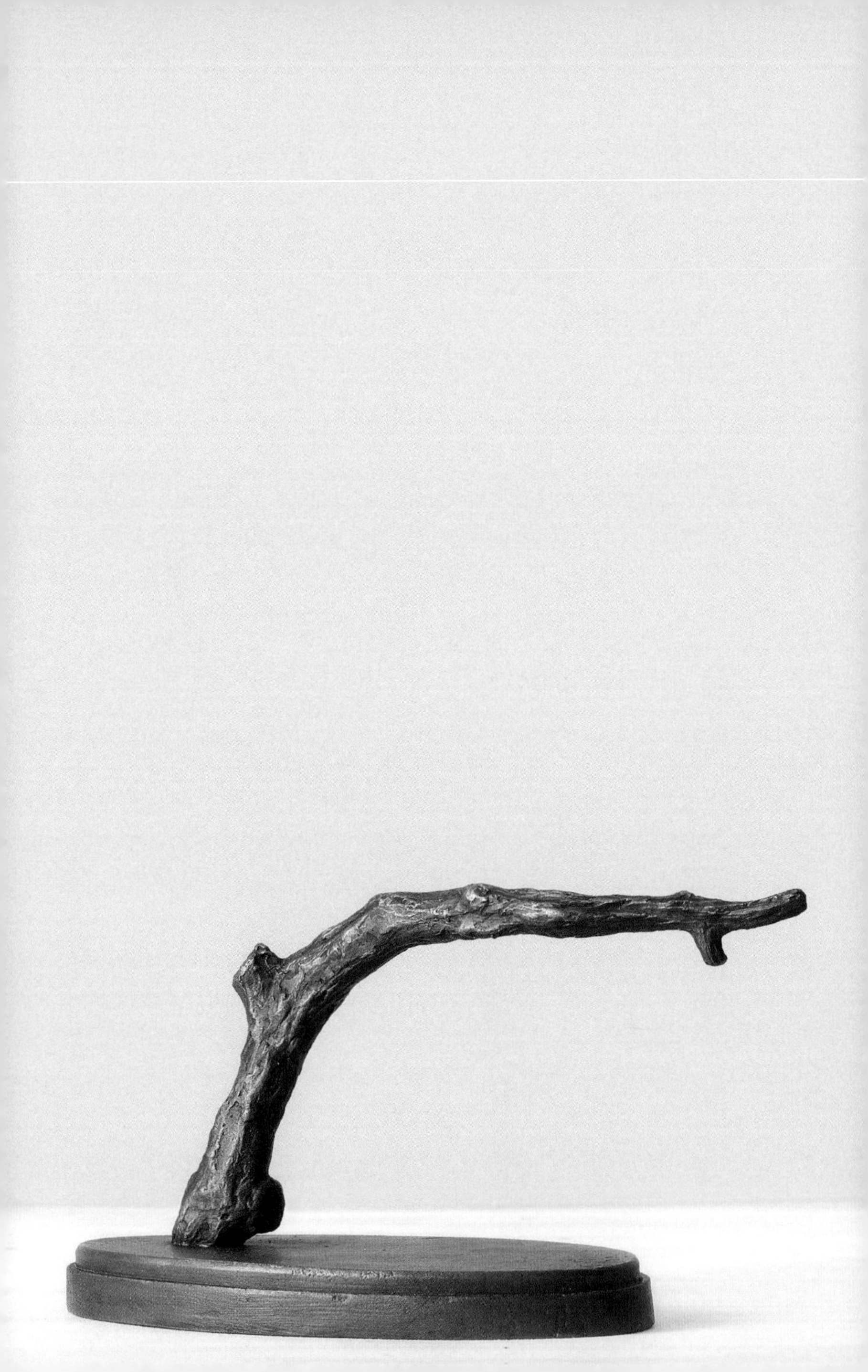

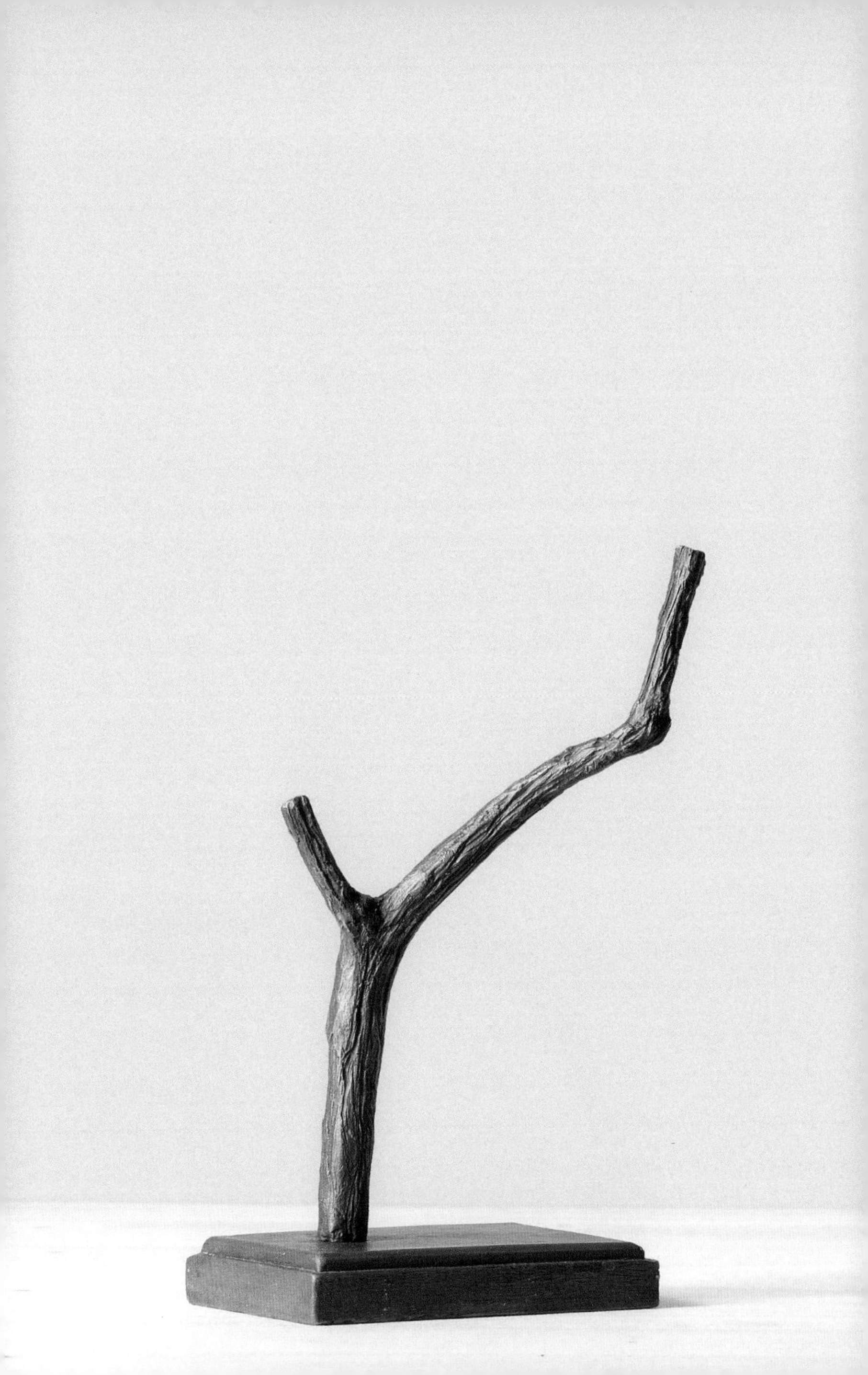

(S. / pp. 12 – 13)

Peter Schäfer Working for the birds – Amsel, Drossel, Fink, Star, Blaues Rothkehlein, 2015

Tanja Seiner

Kreaturen nach Maß
Tiere und Gegenwartsdesign

Schon erste Höhlenmalereien zeugen von der Faszination, welche wir für die Welt der nichtmenschlichen Tiere[1] empfinden. Als Sternbilder und Tierkreiszeichen dienten sie zur ersten Kartografierung des Kosmos; unter anderem als Kraftspender, Statussymbole und mythische Wesen haben sie bis heute eine magische Anziehungskraft auf Menschen. Ebenso stellen der Drang und das Streben, sie sich zu Nutze zu machen, eine Konstante in der menschlichen Geschichte dar. Von unseren Vorfahren zur Gewinnung von Nahrung und Rohstoffen für Kleidung und Werkzeuge gejagt und schließlich domestiziert, dehnten sich die Funktionen, die Tiere in der menschlichen Lebenswelt einnehmen, bis heute immer weiter aus: Sei es zur Unterhaltung des Menschen in Schaukämpfen, in Erlebnisparks und Zoos, als Arbeitskräfte in der Landwirtschaft, im Verkehr und im Krieg, als medizinische Forschungsobjekte im Labor, Therapeuten, Teilnehmer in Schönheitswettbewerben, Zierobjekte in Wohnungen oder soziale Gefährten.

Bereits antike Texte lassen auf Haustiere schließen, die zum Vergnügen gehalten wurden, von einer Nutzung durch den Menschen weitgehend befreit waren und mit ihm unter einem Dach lebten.[2] Heute zeugt ein boomender Markt an Produkten und Services von der Bedeutung, die wir ihnen beimessen. Die Bandbreite an Angeboten, die von Hundekonditoreien bis zu Wellness-Hotels, von

---

1 Anstelle des sachlich korrekten Begriffs *nichtmenschliche Tiere* wird im Folgenden aus Gründen der Lesbarkeit der Ausdruck *Tiere* verwendet.

2 Vgl. Kynast, Katja: *Geschichte der Haustiere*, in: Borgards, Roland (Hg.): Tiere. Kulturwissenschaftliches Handbuch, Stuttgart 2016, S. 130ff.

Halloween-Kostümen bis zu Klon-Services für die geliebten Vierbeiner reicht, lässt erahnen, in welchem Maße die tierlichen Begleiter zum Spiegelbild menschlicher Emotionen, Bedürfnisse und Sehnsüchte werden.

Die Mechanismen der Formung von Tieren nach unseren Vorstellungen werden nicht nur in der Anpassung an den Lebensstil der menschlichen Gefährten deutlich. Nutztiere wie Haustiere unterliegen massiven Züchtungsprozessen. Fortschritte im Bereich der Genforschung ermöglichen eine noch gezieltere und schnellere Manipulation und Optimierung, sei es für produktionsorientierte oder ästhetische Zwecke. Mit der synthetischen Biologie werden bereits Ziele verfolgt, durch die Entwicklung neuer genetischer Codes künstliches Leben von Grund auf neu zu erschaffen.

Während die wenigsten Menschen noch mit Nutztieren oder freilebenden Tieren in Berührung kommen, sind sie nach wie vor allgegenwärtig in der Welt der Mythen und Märchen sowie in der Werbung und den sozialen Medien. Zootiere, die zu medialen Stars mutieren oder massenhaft kursierende, lustige Tieraufnahmen in der digitalen Welt zeichnen vermenschlichte und romantische Bilder, während *echte* Tiere zunehmend aus unserem Blickfeld verschwinden.

Nicht nur im Spannungsbereich zwischen individualisiertem und verwöhntem Haustier, idealisierten Vorstellungen von tierlichen Lebenswelten und ihrer oft grausamen Behandlung, die sich außerhalb unseres unmittelbaren Wahrnehmungsfeldes in Schlachthöfen, Laboren, Transportern abspielt, oder der Erschaffung von Tieren nach menschlichen Maßstäben, manifestiert sich die Ambivalenz unserer Beziehung zu ihnen. Auch in der großen Diskrepanz zwischen den zurzeit verstärkt geführten Debatten über unseren Umgang mit Tieren und den tatsächlich stattfindenden Veränderungen zeigt sich, wie schwer es uns fällt, tief in unsere Kultur und Lebensweise eingeschriebene Mensch-Tier-Beziehungen neu zu definieren.

Die öffentliche Auseinandersetzung mit den Rechten von Tieren und das Entstehen erster Tierschutzbewegungen reicht bis ins frühe 19. Jahrhundert zurück.[3] Mit zum Teil aufsehenerregenden und provokanten Aktionen haben moderne Tierschutzorganisationen Missstände im öffentlichen Bewusstsein verankert und auch zahlreiche Verbesserungen zugunsten des Tierwohls bewirkt.
Ebenso hat sich in der akademischen Welt ein reicher tierethischer Diskurs ausgebildet, der seit rund drei Jahrzehnten um das multidisziplinäre Forschungsprogramm der Human-Animal-Studies erweitert wird. Dieses erforscht auf breiter Ebene das Machtgefälle und die wechselseitigen Beziehungen zwischen Menschen und Tieren. Dennoch erschüttern auch in der Gegenwart noch Berichte über gewaltsame Praktiken im Umgang mit Tieren, durch Massentierhaltung begünstigte Seuchen und Krankheiten, an denen zahlreiche Tiere verenden, oder überzüchtete Kreaturen, die aufgrund ihrer widernatürlichen Anatomie einen unheimlichen Leidensdruck erleben. Gleichzeitig stellen zunehmende Erkenntnisse der Verhaltens- und Kognitionsforschung den Menschen als Maß aller Dinge infrage wenn sie darauf schließen lassen, dass auch zahlreiche nichtmenschliche Lebewesen empfindungsfähige, intelligente Geschöpfe sind, die ein komplexes Innenleben und reiche soziale Beziehungen haben.

Auch die ökologischen Folgen der Massentierhaltung lassen Forderungen nach einem Umdenken in unserer Nutzung von Tieren und einer Umstellung unserer Ernährungsgewohnheiten laut werden – wenn auch vorrangig aus Sorge um die zukünftige Bewohnbarkeit des Planeten. Nicht zuletzt sind es Katastrophen wie das rapide Artensterben, welche die Bedeutung anderer Spezies für die Stabilität von Ökosystemen in den Fokus der Aufmerksamkeit rücken – und die sichtbar machen, welche Auswirkungen

3 Vgl. Roscher, Mieke: *Tierschutzbewegung*, in: Arianna, Ferrari, Klaus, Petrus (Hg.): Lexikon der Mensch-Tier-Beziehungen, Bielefeld 2015, S. 371-376.

die Ausdehnung und die Eingriffe des Menschen in natürliche Prozesse und bestehende Ökologien haben.

Zwar füllen mehr und mehr vegetarische und vegane Produkte die Supermarktregale und auch vegane Alternativen zu Bekleidung und Accessoires aus tierlichen Rohstoffen sind zunehmend erhältlich. Ein Rückgang der Nutztierhaltung ist hingegen nicht zu verzeichnen. Die UN-Ernährungs- und Landwirtschaftsorganisation FAO prognostiziert für die kommenden Jahrzehnte vielmehr einen drastischen Anstieg der Nachfrage nach tierlichen Nahrungsmitteln.[4]

Sich für vegane Alternativen zu entscheiden, ist wiederum nicht aus jedem Blickwinkel der bessere Weg: Viele Produkte sind stark industriell verarbeitet, werden um den ganzen Erdball transportiert, bestehen aus synthetischen Materialien, die langfristig die Umwelt und Lebensräume vieler Organismen schädigen oder aus natürlichen Zutaten wie Palmöl, für dessen Gewinnung Regenwaldflächen gerodet und damit zahlreiche Spezies ihrer Lebensräume beraubt werden. Ein ganzes System an Traditionen, Ritualen, Ökonomien und Weltanschauungen gerät ins Wanken, wenn die Nutzung von Tieren global und in aller Konsequenz hinterfragt wird. Vielmehr noch als in hoch industrialisierten und wohlhabenden Gesellschaften würde ein Bann tierlicher Nutzung der Mehrzahl der Menschen in weniger entwickelten Ländern schlicht die Lebensgrundlage entziehen.[5]

Auch in unseren Breiten würde dies bedeuten, dass handwerkliche Traditionen aufgegeben, viele Speisen nicht mehr zubereitet werden und ganze Landschaften sich wandeln.

Die Potenziale für Veränderungen, die mit der Entwicklung neuer Technologien entstehen, fordern uns ebenfalls heraus unser

---

4 Vgl. Robinson, Timothy, Pozzi, Francesca: *Mapping supply and demand for animal-source foods to 2030*. FAO Animal Production and Health Working Paper. No. 2., Rom 2011, S. 20 (http: //www.fao.org / docrep / 014 / i2425e / i2425e00.pdf, 6.7.2018).

5 Vgl. ebd., S. 1.

Verhältnis zu Tieren zu überdenken sowie unser Verständnis von Tieren neu zu bewerten. Durch In-vitro-Fleisch, das nicht am Tierkörper, sondern in einer Petrischale heranwächst, könnten sie in absehbarer Zeit als massenhaft gehaltene Ressource weitgehend ersetzt werden. Noch ist nicht abzusehen, welche Folgen dies haben wird. Werden Kühe, Schweine oder Hühner für nachfolgende Generationen exotische Wesen sein, die nur noch zum Zweck der Arterhaltung am Leben gehalten werden? Wird Fleisch aus dem Labor die billige Massenware der Zukunft und am Tier herangewachsenes ein Luxusprodukt, weil nur noch wenige den Aufwand einer Tierhaltung betreiben? Und werden wir überhaupt in der Lage sein echtes Fleisch von künstlichem zu unterscheiden?

Neue Werkzeuge wie die sogenannte Gen-Schere CRISPR-Cas9 ermöglichen es, auf sehr effiziente Weise Bausteine aus der DNA zu schneiden und neu zusammenzusetzen. Dies ist so einfach, dass in den USA bereits Do-it-yourself-Sets zur genetischen Manipulation von Bakterien für jede*n zu erwerben sind. Wird es in Zukunft so einfach sein Organismen zu entwerfen, wie es heute ist Bildbearbeitungsprogramme zu bedienen oder Webseiten zu programmieren? Welche neuen Geschäftsmodelle könnten daraus entstehen? Weltweit arbeiten bereits verschiedene Forschungsprojekte daran DNA-Datenbanken bedrohter Arten anzulegen, um diese zu klonen und wiederansiedeln zu können. In welcher Welt werden diese Geschöpfe erwachen? Werden es wirklich dieselben sein, wie sie unsere Vorfahren kannten?

Ebenfalls werden Tiere genetisch für den Zweck optimiert als Organspender für Menschen zu dienen. Wie werden wir mit der Möglichkeit umgehen mit Organen anderer Spezies leben zu können? In welcher Beziehung werden wir zu diesen Tieren stehen? Und wo werden wir die Grenzen zwischen menschlichen und nichtmenschlichen Tieren ziehen?

Im Kontext dieser Entwicklungen sowie auf der Suche nach alternativen Formen des Zusammenlebens mit Tieren werden bestehende

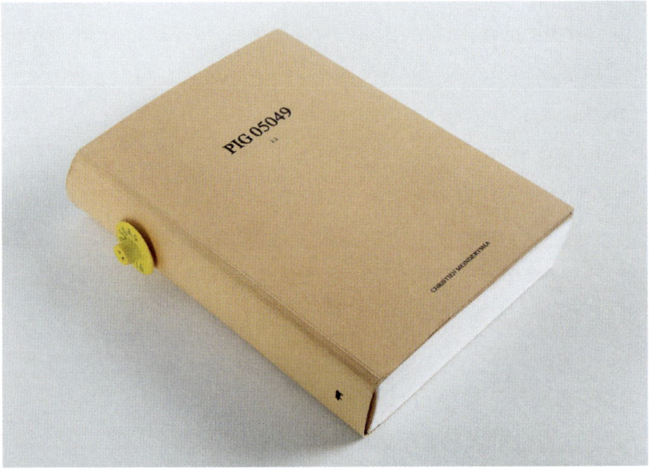

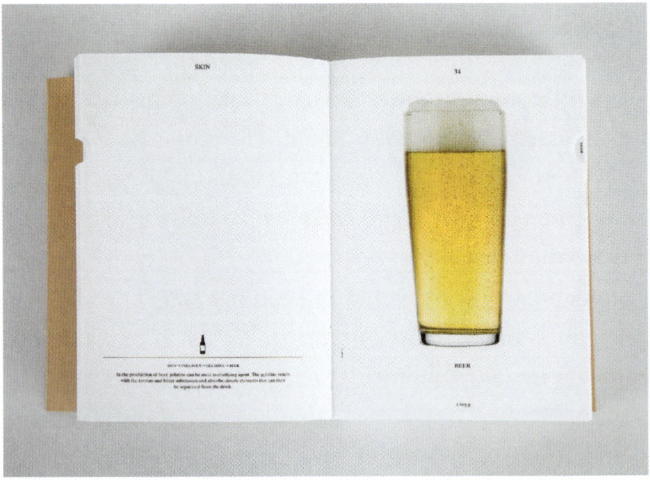

Christien Meindertsma PIG 05049, 2006

Kulturgüter und -formen verschwinden, jedoch auch ganz neue entstehen. Es zeigt sich insbesondere im Design, wie sich Mensch-Tier-Beziehungen neu konstituieren und unsere Gewohnheiten wandeln könnten. So entstanden für den 1999 von Sony auf den Markt gebrachten Roboterhund AIBO eigene Bestattungsrituale, florierende Ersatzteilbörsen und Reparaturservices, welche die innig geliebten Gefährten am Leben erhalten und einen echten Hund somit weiterhin ersetzen.

Im Designschaffen spiegelt sich unser ambivalenter Umgang mit Tieren sehr deutlich wider: sei es in der Gestaltung von Tieren selbst, in Produkten aus tierlichen Materialien, in Produkten für Tiere oder in der Entwicklung von Alternativen zu tierlichen Rohstoffen. Ebenso findet eine kritische Reflektion von Mensch-Tier-Verhältnissen statt. Bereits 2005 stieß die Designerin Julia Lohmann unter anderem mit den *Cow Benches*, Kuhkörpern nachempfundenen Sitzmöglichkeiten, eine tierethische Debatte im Designkontext an. Christien Meindertsmas Projekt *PIG 05049* (2006), in dem sie 185 verschiedene, aus einem Schwein gewonnene Produkte dokumentierte, machte sichtbar, wie weitreichend tierliche Bestandteile unsere Waren- und Dingwelt durchsetzen: von Marshmallows bis zu Autolack, von Porzellanfiguren bis zu Munition und Herzklappen.

Mit Entwürfen, die neue Formen der Kommunikation und Interaktion mit Tieren ermöglichen und uns damit herausfordern, gängige Normen und Kategorisierungen zu hinterfragen, oder in der Konzeption von Artefakten, welche unser Bewusstsein für die Präsenz anderer Organismen erhöhen, zeigt sich, wie Designer*innen heute zunehmend nichtmenschliche Lebensformen in ihre Überlegungen mit einbeziehen. Hingegen rücken verstärkt die Folgen menschlichen Handelns in den Fokus, wenn Designer*innen in fiktiven und spekulativen Szenarien zum Beispiel potenzielle Auswirkungen neuer Technologien thematisieren, welche auch das Verhältnis von Tieren und Menschen radikal transformieren könnten. In den verschiedenen Ansätzen, mit denen die in der Ausstellung

Kreaturen nach Maß – Tiere und Gegenwartsdesign vertretenen Werke gegenwärtige und zukünftige Formen der Koexistenz beleuchten, geht es weniger darum, umfassende Antworten auf komplexe Fragestellungen zu entwickeln als Möglichkeiten zu schaffen, sowohl individuelle Blickwinkel als auch gesellschaftliche Entwicklungen und propagierte Zukunftsvisionen kritisch zu betrachten. In einer häufig von Ideologien und Dualismen, von Provokationen wie Idealisierungen geprägten Debatte sind es vielleicht gerade diese Strategien des Sichtbarmachens und Hinterfragens, des punktuellen Intervenierens und Unterwanderns unumstößlich scheinender Tatsachen, welche Mensch-Tier-Beziehungen nachhaltig transformieren und auch in Zukunft immer wieder neu auf den Prüfstand stellen können.

Creatures Made to Measure
Animals and Contemporary Design

The very first cave paintings testify to the fascination that we humans feel for the realm of non-human animals.[1] When the cosmos was first mapped, animals were chosen to represent constellations and signs of the zodiac. And they continue to exert a magical appeal on humans, including as sources of strength, status symbols and mythical creatures. Equally, throughout their history, humans have always had a strong desire to put animals to practical use. Animals were hunted by our ancestors for food as well as raw materials for clothing and tools, and later on they were domesticated. The range of functions performed by animals in the human world has steadily increased and now includes entertaining people in theme parks and zoos (as well as by being made to fight), serving

1 Instead of the more accurate term *non-human animals*, for reasons of readability, the term *animals* is used throughout the text.

as draught animals in farming, transport and on the battlefield, as subjects of medical research in the laboratory, therapists, participants in beauty contests, decorative items in the home, and as social companions.

We know from ancient texts that pets - animals which instead of being put to use are kept for pleasure and live in their owners' homes - were even owned in antiquity.[2] Nowadays, the high esteem we hold them in is demonstrated by the thriving market for pet products. The range of services available for beloved four-legged friends - from dog patisseries and wellness hotels to Halloween costumes and cloning possibilities - illustrates the extent to which animal companions come to reflect human emotions, needs and desires.

The ways in which animals are moulded as we see fit aren't just apparent from how they are adapted to the lifestyle of their human companions. Farm animals and pets alike are subject to extensive breeding. Advances in genetic research have enabled even faster, more direct manipulation and optimization, both for production and for aesthetic purposes. Synthetic biology is already being used to explore the creation of artificial life from scratch by developing new genetic codes.

While very few people still come into contact with livestock or animals living in the wild, animals are still omnipresent in myths and fairy tales as well as in advertising and social media. As we increasingly lose sight of *real* animals, our impressions of them are becoming more humanized and romantic, with zoo animals being transformed into media stars and funny animal memes flooding the internet.

The ambivalence of our relationship with animals is plain from for instance the sharp contrast between individualized, pampered pets and idealized conceptions of animal realms on the one hand,

---

2 See Kynast, Katja: *Geschichte der Haustiere*, in: Borgards, Roland (ed.): Tiere. Kulturwissenschaftliches Handbuch, Stuttgart 2016, pp. 130ff.

and their often cruel treatment beyond our gaze in slaughterhouses, laboratories and transporters as well as the creation of animals based on human standards. The huge discrepancy between the growing calls for improved animal welfare and the reforms actually carried out underlines how difficult it is for us to redefine the relationship between humans and animals so deeply rooted in our culture and way of life.

Public discussion of animal rights and the first animal welfare movements emerged in the early-nineteenth century.[3] Modern animal rights groups have carried out sometimes sensational, provocative acts to make us aware of animal abuse and also brought about numerous improvements in animal welfare. Furthermore, animal ethics has become the subject of intense debate in the academic sphere. And for about three decades, interdisciplinary research has been conducted in human–animal studies, which explores both the power gap and the interactions between humans and animals.

Nevertheless, horrifying reports still persist of the violent treatment of animals, whole herds dying as a result of epidemics and diseases aggravated by intensive livestock farming, and overbred creatures suffering enormously due to their unnatural anatomy. Moreover, the perception of humans as the measure of all things has been challenged by the stream of findings in behavioural and cognitive science suggesting that many non-humans are also sentient, intelligent beings with complex inner lives and rich social relationships.

In addition, the ecological consequences of large-scale livestock farming are prompting demands to rethink our usage of animals and change our eating habits, albeit primarily to save the planet. Last but not least, disasters such as rapid extinction have forced us to acknowledge the importance of other species for the stability

---

3 See Roscher, Mieke: *Tierschutzbewegung*, in: Arianna, Ferrari, Klaus, Petrus (ed.): Lexikon der Mensch-Tier-Beziehungen, Bielefeld 2015, pp. 371–76.

of ecosystems, and highlighted the impact of human expansion and intervention into natural processes and existing ecologies.

Although vegetarian and vegan foods are increasingly being stocked by supermarkets and more and more vegan alternatives to clothing and accessories made from animal raw materials are becoming available, livestock farming is still on the increase. What's more, the UN Food and Agriculture Organization predicts that demand for animal-based food products will rise dramatically over the coming decades.[4]

Then again, choosing vegan alternatives isn't necessarily better in every respect. Many products are heavily processed, transported from the other side of the world, or made from synthetic materials which cause long-term damage to the environment and the habitats of many organisms. Others are manufactured from natural ingredients like palm oil, which is produced by clearing huge expanses of rainforest inhabited by countless species. Banning the use of animals throughout the world would have grave repercussions for a wealth of traditions, rituals, economies and worldviews. Moreover, it would deprive the majority of people of their livelihoods in less developed countries, where its impact would be far more severe than in highly industrialized, wealthy societies.[5] Yet in our part of the world, too, the cessation of animal farming would spell the end for many time-honoured forms of craftsmanship, mean that all sorts of traditional dishes could no longer be cooked, and result in entire landscapes being altered.

The prospect of changes brought about by new technology also makes us rethink our relationship with animals and reassess our views of them. In the foreseeable future, livestock could be largely replaced as a common food resource by in vitro meat which, instead

---

4 See Robinson, Timothy, Pozzi, Francesca: Mapping supply and demand for animal-source foods to 2030. FAO Animal Production and Health Working Paper. No. 2., Rome 2011, p. 20 (http: //www.fao.org / docrep / 014 / i2425e / i2425e00.pdf, 6.7.2018).

5 Ibid., p. 1.

of being obtained from an animal's body, is grown in a Petri dish. The upshot of this is hard to predict. Will cows, pigs and chickens become exotic creatures for subsequent generations, kept alive merely to preserve the species? Will synthetic meat in future be a cheap commodity, with meat sourced from animals becoming a luxury item because only a handful of farmers will still go to the effort of animal husbandry? And will we even be able to distinguish real meat from its artificial alternative?

New tools such as CRISPR / Cas9 gene scissors enable building blocks to be accurately cut out of DNA and reassembled. It's so simple that DIY kits for the genetic manipulation of bacteria are already on general sale in the USA. Will designing organisms one day become as easy as photoshopping images or programming websites? What new business models could this lead to? Various research projects around the world are already working on creating DNA databases of endangered species so that they can be cloned and re-established. What sort of world will these creatures wake up in? And will they really be the same animals as those known to our ancestors?

Animals are also being genetically optimized to serve as organ-donors for humans. How will we deal with the concept of living with organs from other species? What will the relationship be between us and these animals? And where will we draw the line between human and non-human animals?

In the course of these developments and the search for alternative forms of coexistence with animals, existing cultural assets and forms will disappear, and completely new ones will emerge. Design in particular has much to tell us about how human-animal relationships and our habits could change. For example, the launch of Sony's AIBO robot dog in 1999 was followed by the advent of flourishing exchanges for spare parts and repair services to keep these beloved companions alive so that they could continue to replace real canines. What's more, even special burial rituals were developed for them.

Our ambivalent attitude to animals is also clearly reflected in the world of design: in the depiction of animals themselves, in products made from animal materials, products for pets, the development of alternatives to animal raw materials, and the critical reappraisal of human-animal relationships. Back in 2005, Julia Lohmann launched a discussion about animal ethics in a design context with for example *Cow Benches* – seating she designed inspired by cows' bodies. And Christien Meindertsma's project *PIG 05049* (2006), in which she documented 185 different products derived from a single pig, showed just how many things are made using animal substances – from marshmallows to car paint, porcelain figurines to ammunition and heart valves.

Designs enabling new forms of communication and interaction with animals and making us challenge common norms and categorizations, and artefacts increasing our awareness of the presence of other organisms are examples of how today's designers are paying more and more attention to non-human beings. By contrast, the results of human action are in the spotlight when, in fictional and speculative scenarios, designers address for instance the potential impact of new technologies which could radically transform the relationship between animals and humans.

Instead of developing comprehensive answers to complex questions, the various ways in which contemporary and future forms of coexistence are presented in the exhibition *Creatures Made to Measure – Animals and Contemporary Design* are intended to enable individual views, social developments and visions of the future to be critically assessed. In a debate often characterized by ideologies and dualisms, by provocations and idealizations, it is perhaps precisely these strategies of visualizing and questioning, of the punctual intervention and infiltration of seemingly incontrovertible facts which will sustainably transform relations between humans and animals and continue to scrutinize them.

Kapitel 1

Chapter 1

Gefährten 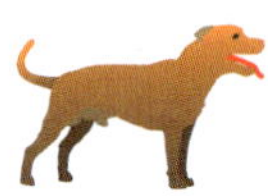 +

Companions +

Gegenüber

Counterparts

In Deutschland gibt es mehr als 34 Millionen Haustiere, Tendenz steigend. Als soziale Gefährten und Familienmitglieder werden sie zunehmend vermenschlicht. Mehr als ein Drittel der US-amerikanischen Hundehalter beschenken ihren geliebten Vierbeiner zum Geburtstag, Wellnessfarmen und Schönheitsoperationen ergänzen die teils absurden Angebote auf dem profitablen Heimtiermarkt. Jedes zehnte britische Herrchen gibt an, sein Haustier mehr als seinen menschlichen Partner zu lieben und auch die Beisetzung auf eigenen Tierfriedhöfen ist keine Seltenheit mehr. Unabhängig von ihren natürlichen Verhaltensweisen werden Tiere zu Spielzeugen und Projektionsflächen menschlicher Bedürfnisse. Empfindungen wie Liebe, Mitgefühl und Eitelkeit werden den Geschöpfen allerdings nicht nur von ihren sie liebenden Besitzern zugeschrieben, sondern ebenfalls von sachkundigen Wissenschaftlern. Die Bescheinigung eines freien Willens stellt sie sogar auf die gleiche Stufe mit dem Menschen. Aber sind wir nicht auch selbst Tiere?

Das Verhältnis zwischen Menschen und Tieren wird immer komplizierter, eine Abgrenzung und klare Unterteilung, wer eigentlich wen stärker beeinflusst, stets vager. Und auch die Lebensräume verschwimmen immer mehr. Welpenklos mit echtem Gras erhalten Einzug in das Wohnzimmer und sollen ein möglichst natürliches Ambiente bieten. Und wenn ein Ausflug in die *Natur* ermöglicht wird, dann an der Leine oder mit eingepflanztem Mikrochip. Ein Angebot an das Tier, wenigstens kurzzeitig den Duft der Freiheit schnuppern zu können, um die Gefangenschaft zu kompensieren?

Nutz- oder Wildtiere verschwinden dabei immer mehr aus unserem Blickfeld. Die Werbeindustrie erzeugt für sie verzerrte Platzhalter und das Internet wird zum neuen Wildpark für besonders skurrile Spezies. Zootiere wie Knut der Eisbär, Werbeclips mit der lila Kuh, Donald-Duck-Comics und viraler *Cute Content* verniedlichen Tiere zu kuscheligem Spielzeug und menschenähnlichen

Klischees. Figuren wie Spiderman werden weltweit zu Helden.

Parallel dazu lässt sich eine neue Sehnsucht des Menschen nach einer Rückkehr zur Natur und dem Animalischen beobachten. Das zwanglose Leben ohne Reflexion über Konsequenzen, so wie es Tieren natürlich gegeben ist, erscheint vielen in der heutigen Hochleistungsgesellschaft als Heilsversprechen. Durch ihren Überlebensinstinkt, die Robustheit und perfekt an die Umwelt angepasste Fähigkeiten sind Tiere dem Menschen weiterhin überlegen. Der Wunsch, sich ein Stück der animalischen Vorteile als Rüstzeug zu sichern, zeigt sich nicht nur im Modebereich, wo zum Beispiel tierliche Körperoberflächen wie Schuppen oder Panzer als Vorbilder dienen. Auch der aktuelle Trend der *Furries*, Menschen in Tierverkleidungen, verweist auf ein Streben nach Annäherung von Mensch und Tier.

Durch seinen Drang zur Beherrschung des Tieres läuft der Mensch Gefahr, das, was er bewundert und dem er nacheifert, auf Dauer zu verlieren. Wie sähe das richtige Maß zwischen Zuneigung, Ehrfurcht und Nutzen aus?

There are more than 34 million pets in Germany, and the number is rising. As social companions and family members they are increasingly being humanized. More than a third of US dog owners give their beloved pet birthday presents, and wellness farms and cosmetic surgery round out the in some cases absurd services on the profitable pet market. One in ten British owners say they love their pet more than their human partner and burials in special pet cemeteries are no longer unheard of. Irrespective of the way they behave naturally, animals become toys and projection surfaces for human needs. Yet it is not just their loving owners who ascribe to the creatures feelings such as love, compassion and vanity, but also expert scientists. The attestation of free will even puts them on an equal footing with humans. But are we not animals ourselves?

The relationship between humans and animals is becoming ever more complicated, a demarcation and clear division as to which exerts the stronger influence on the other ever more vague. And our living space is also increasingly merging. Puppy toilets with real grass are sneaking into living rooms and are designed to provide as natural an environment as possible. And when there's the possibility of an excursion into *nature* then only on a leash or with an implanted microchip. Is this an offer to the animal to get a whiff of freedom, at least for a short while, to compensate for the captivity?

At the same time, livestock and wild animals are increasingly disappearing from our view. The advertising industry creates distorted placeholders for them and the Internet is becoming a new wildlife park for particularly bizarre species. Zoo animals like Knut the polar bear, commercials with purple cows, Donald Duck comics and cute content gone viral trivialize animals, making them cuddly playthings and humanoid clichés. Figures like Spider-man become heroes worldwide.

Parallel to this, we can observe a new kind of human longing for a return to nature and our animal origins. A carefree life without worrying about consequences, the way animals naturally live, appears to promise remedy for many in today's high-powered society. Owing to their survival instinct, robustness and abilities perfectly adapted to their environment, animals are still superior to humans. The desire to appropriate some animal advantage and use it as a tool is evident not only in fashion, where animal body surfaces such as scales or shells provide inspiration, for example, but also in the current *furry* trend. *Furries* are people who don animal costumes and aspire to bring about closer links between humans and animals.

Man, in his drive to dominate animals, runs the risk of permanently losing that which he admires and emulates. What is the right balance between affection, reverence and benefit?

Peter Schäfer

Working for the Birds

Amsel, Drossel, Fink, Star, Blaues Rothkehlein, 2015

Ganz gleich ob zum Verzehr, für die Mode oder als Singvögel und Zierobjekte im Käfig – wie andere Tiere wurden auch Vögel seit jeher gefangen, getötet oder gezähmt. Zugleich gelten sie als Sinnbild für Freiheit. Peter Schäfer schafft eine Art Sockel für die Tiere: Ein Zweig aus Bronze lädt sie ein, sich darauf niederzulassen. Das Werk nimmt Bezug auf historische Vogeldarstellungen, die gerade im 19. Jahrhundert sowohl in Lexika als auch in bürgerlichen Wohnzimmern vermehrt Einzug hielten. In Form von Grafiken und Skulpturen wurde die Pracht der Tiere besonders eindrücklich ins Bild gesetzt. Angesichts der aktuellen Nachrichten über einen massiven Rückgang einiger Vogelpopulationen erhalten die leeren Zweige zugleich einen melancholischen Beigeschmack.

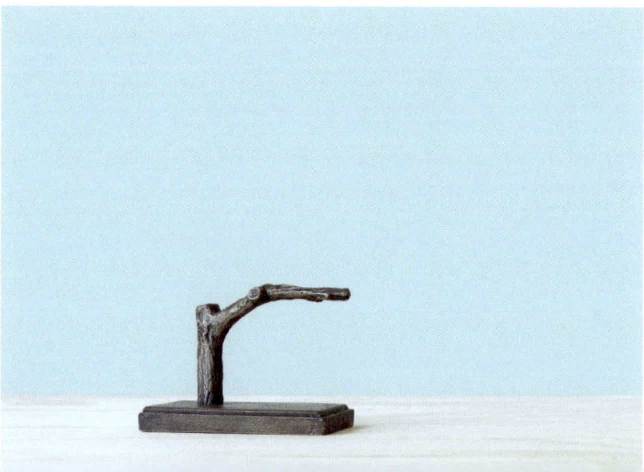

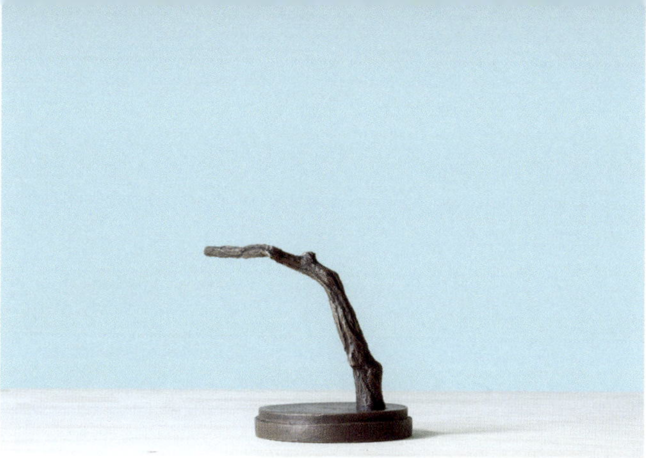

Whether to be eaten, for fashion, or as caged songbirds and ornamental objects, birds (just like other animals) have always been captured and killed or tamed. At the same time, they are considered a symbol of freedom. Peter Schäfer created a series of pedestal-like objects for birds each featuring a bronze twig which makes an inviting place to perch. The work refers to the historical depictions of birds which increasingly made their way into encyclopaedias and middle-class living rooms, especially in the nineteenth century. Birds' splendour was impressively displayed in graphics and sculptures. Yet given recent reports about the drastic decline of some bird populations, the empty branches also have a melancholy aftertaste.

Bronze
13 × 13 × 7 cm; 11 × 20 × 10 cm; 13 × 10 × 13 cm; 10 × 15 × 8 cm; 21 × 12 × 8 cm
Flurin Borg Madsen (Blaues Rothkehlein)

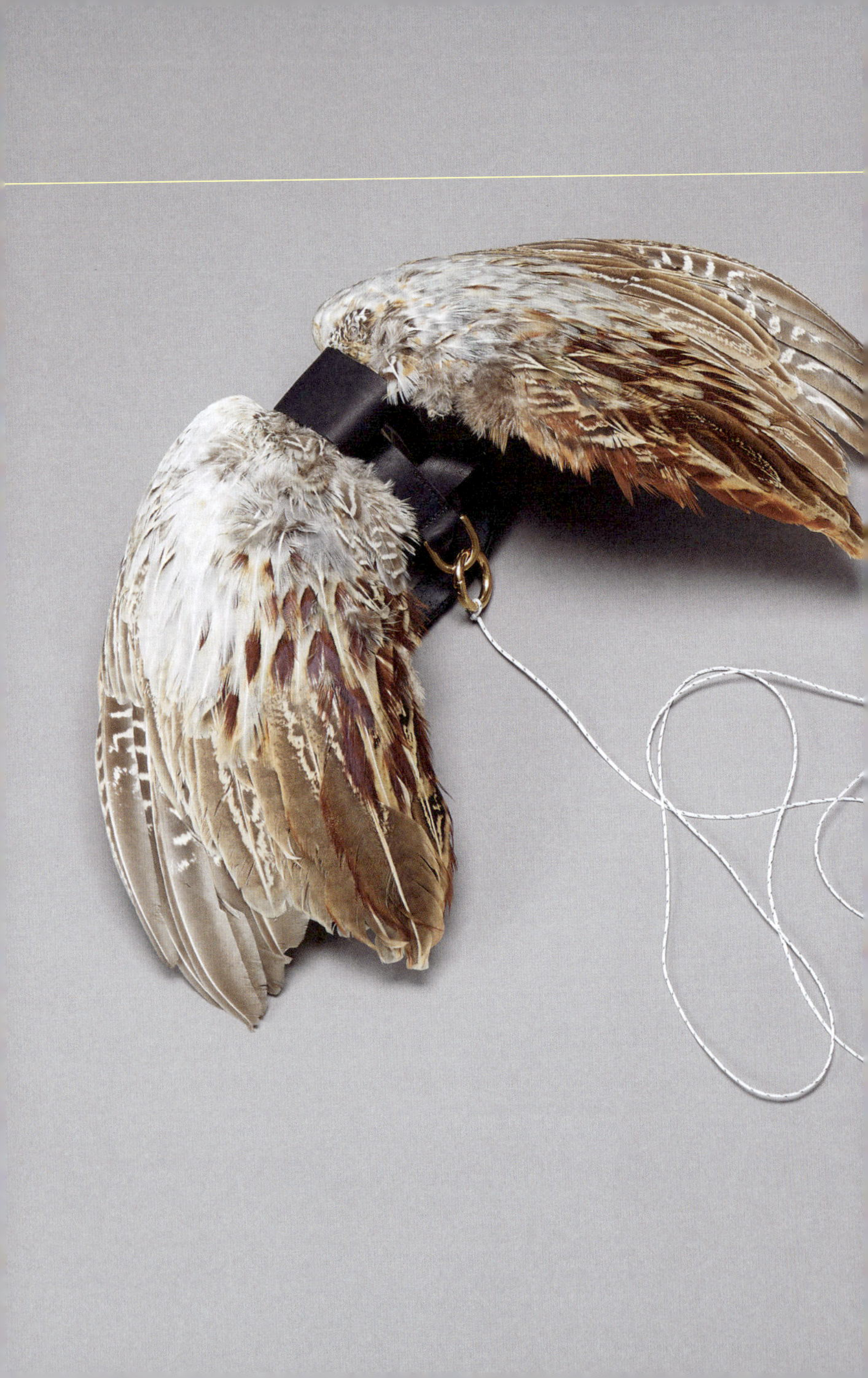

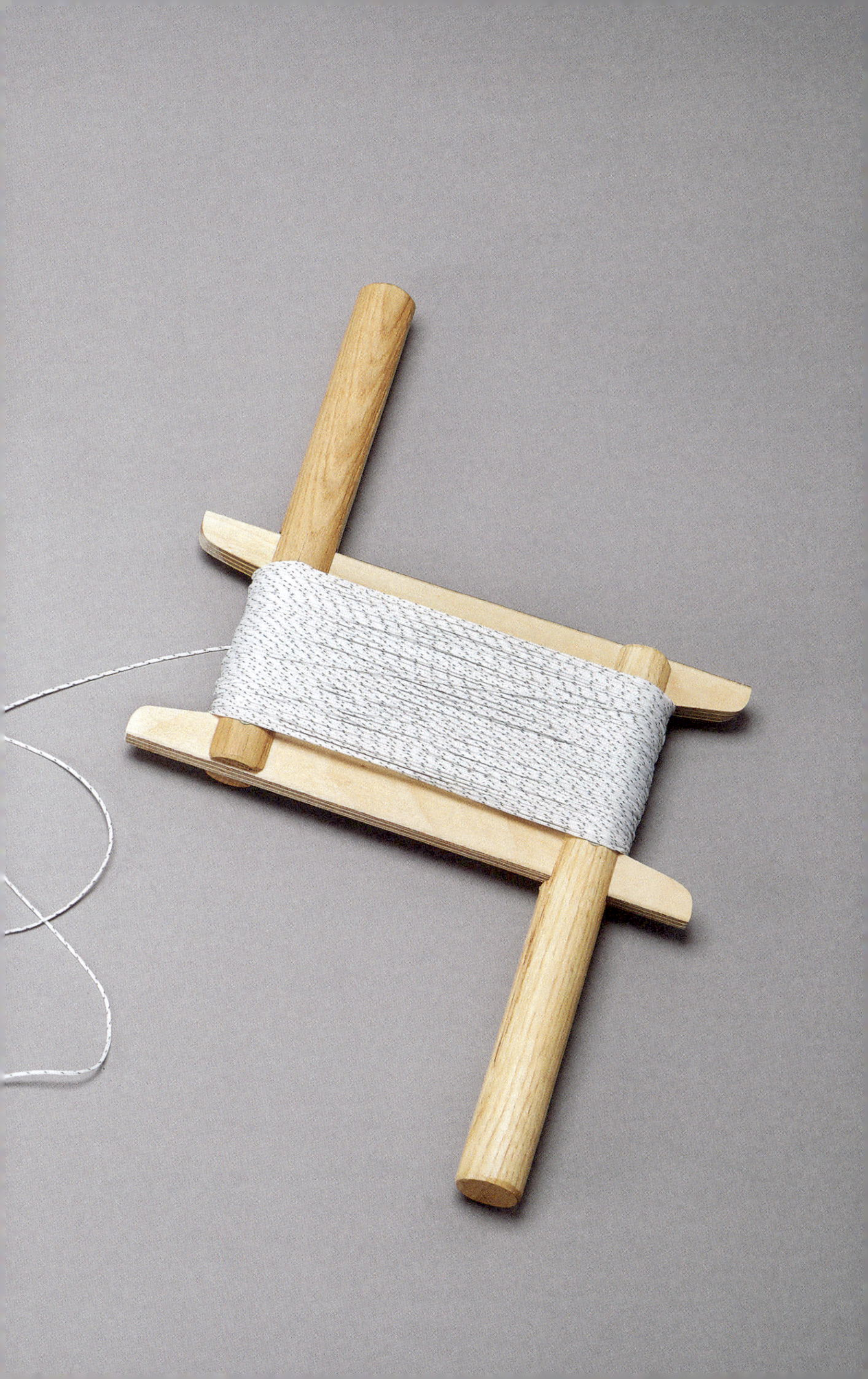

Silvia Knüppel

1-Bird-Kite-Kit/1
2-Bird-Kite-Kit/1

2015

3-Bird-Kite-Kit/1 Wig-Wing/1

2018

Die drei Objekte der Designerin Silvia Knüppel bestehen jeweils aus einem Ledergeschirr für Vögel sowie einer Drachenschnur, welche sich über einen Holzgriff auf- und abwickeln lässt, um den *Vogel-Drachen* zu steuern. Im Kopf der Betrachter*innen eröffnen sich Bilder, wie Wellensittiche oder Papageien mit Hilfe des Geschirrs mit ihren freien Artgenossen durch die Lüfte fliegen oder von ihren Besitzer*innen, quasi zur Kompensation der Gefangenschaft, wie ein Hund an der Leine geführt werden. Ein Objekt ist zusätzlich mit Fasanenfedererweiterungen in Flügelform ausgestattet. So kann zum Beispiel ein Kanarienvogel in eine andere Haut schlüpfen und mit mehr Spannweite und einem Wettbewerbsvorteil mit den großen Vögeln mithalten.

The three objects by designer Silvia Knüppel each consist of a leather harness for birds and a kite string which can be wound and unwound around a wooden handle to control the *bird-kite.* Observers conjure up images of budgerigars or parrots flying through the air alongside birds still in the wild or being led on a leash like a dog as if to make up for their captivity. One object has been additionally fitted with pheasant feather extensions shaped like wings. This allows a canary for example to slip into another skin and with more span and a competitive advantage keep up with the big birds.

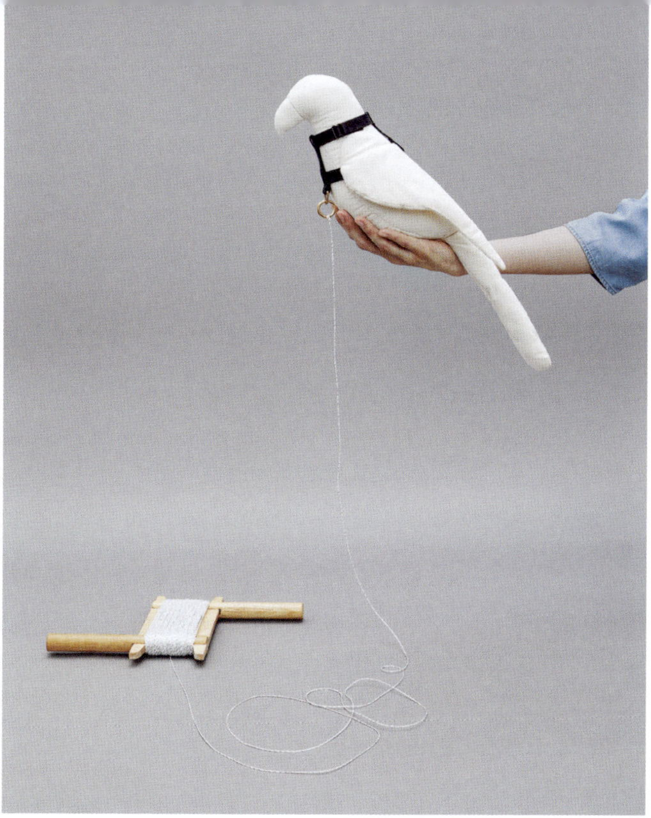

Leder, Holz, Nylonschnur, Polyester- und Nylongewebe, Federn
Leather, wood, nylon rope, polyester and nylon fabric, feathers
je / each ca. 25 × 45 cm

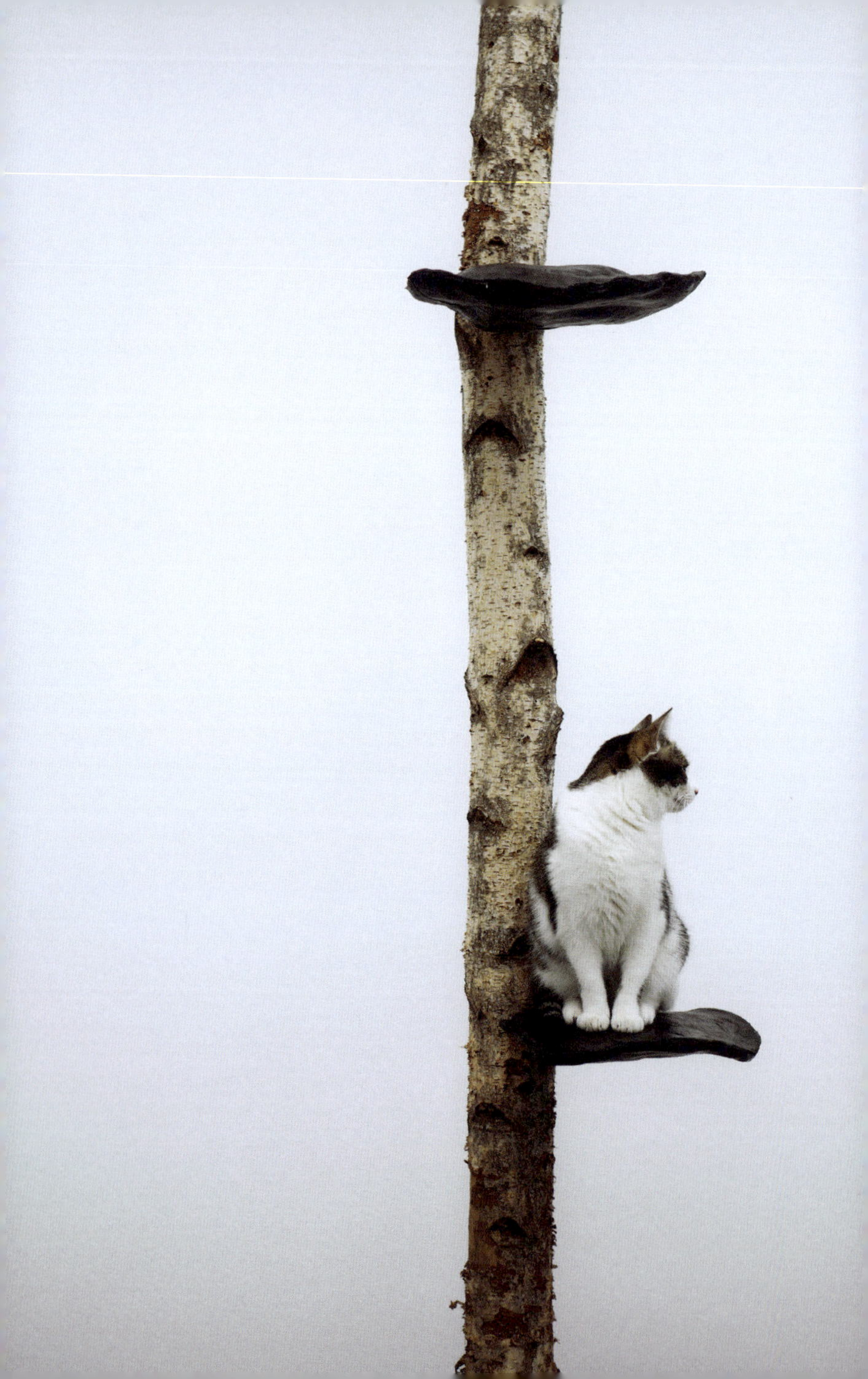

Max Kosoric, Sanne Pawelzyk

Kaze 100

Modell Fungi, 2015

Der Kratzbaum von Max Kosoric und Sanne Pawelzyk stellt in der heutigen Produktpalette für Haustiere eine Besonderheit dar. Baumstämme werden aus der Natur ins Wohnzimmer geholt und durch künstliche Sitzgelegenheiten für Katzen ergänzt, die der Optik von Baumpilzen nachempfunden sind. Diese Verschmelzung von menschlichem Wohnraum und tierlichen Bedürfnissen kann auch als Hinweis darauf verstanden werden, dass sich die Lebensräume von Menschen und Tieren immer weiter überschneiden.

Amid the wealth of pets' accessories available nowadays, the cat trees designed by Max Kosoric and Sanne Pawelzyk are something very special. Tree trunks are relocated from nature to the living room and fitted with artificial seating for cats made to look like tree fungus. This amalgamation of human living space and animal needs can also be regarded as an indication that animal and human habitats still overlap in many ways.

Birkenstämme, Kautschuk, geschäumt
Birch trunks, rubber, foamed
Maße variabel / Variable dimensions

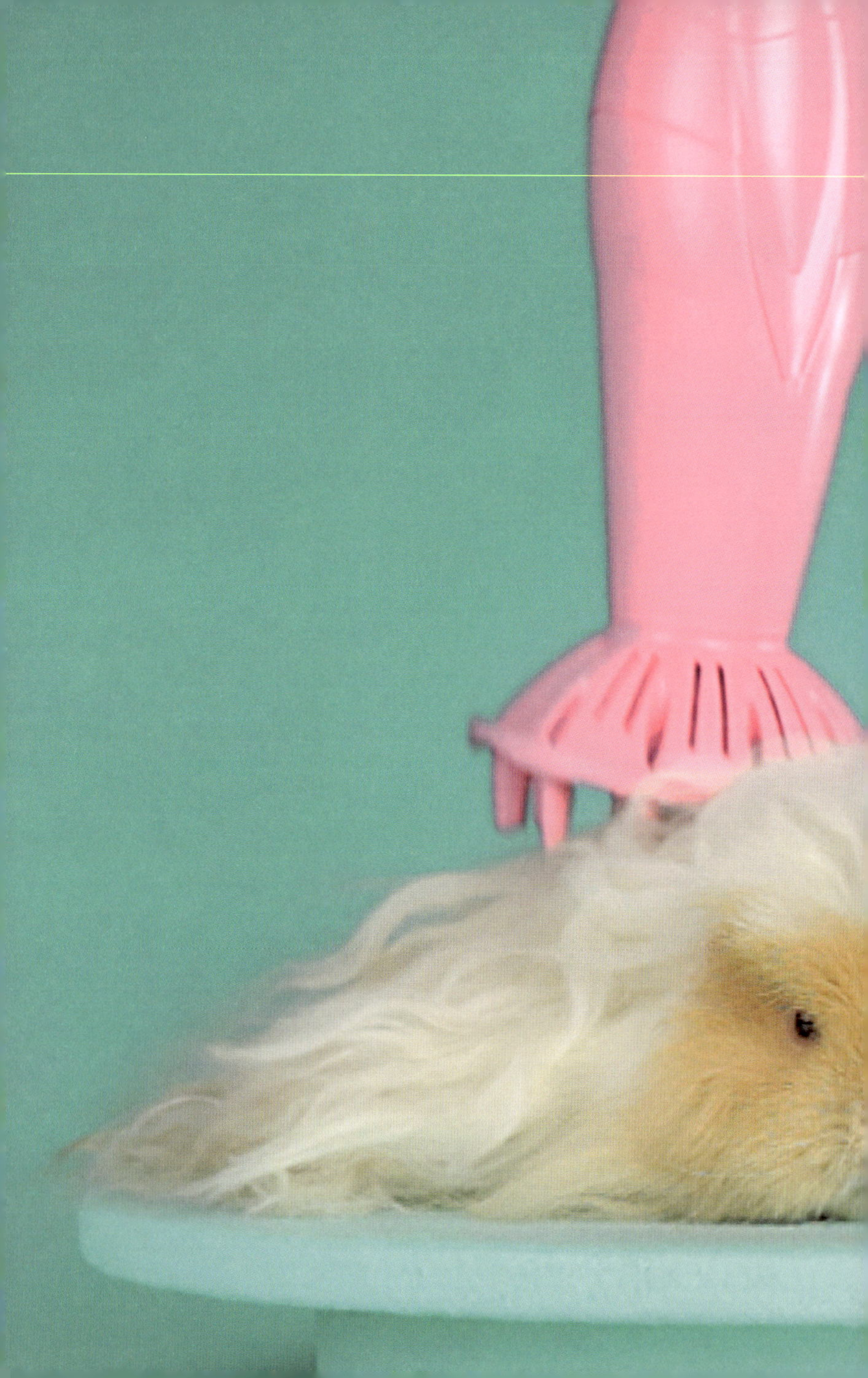

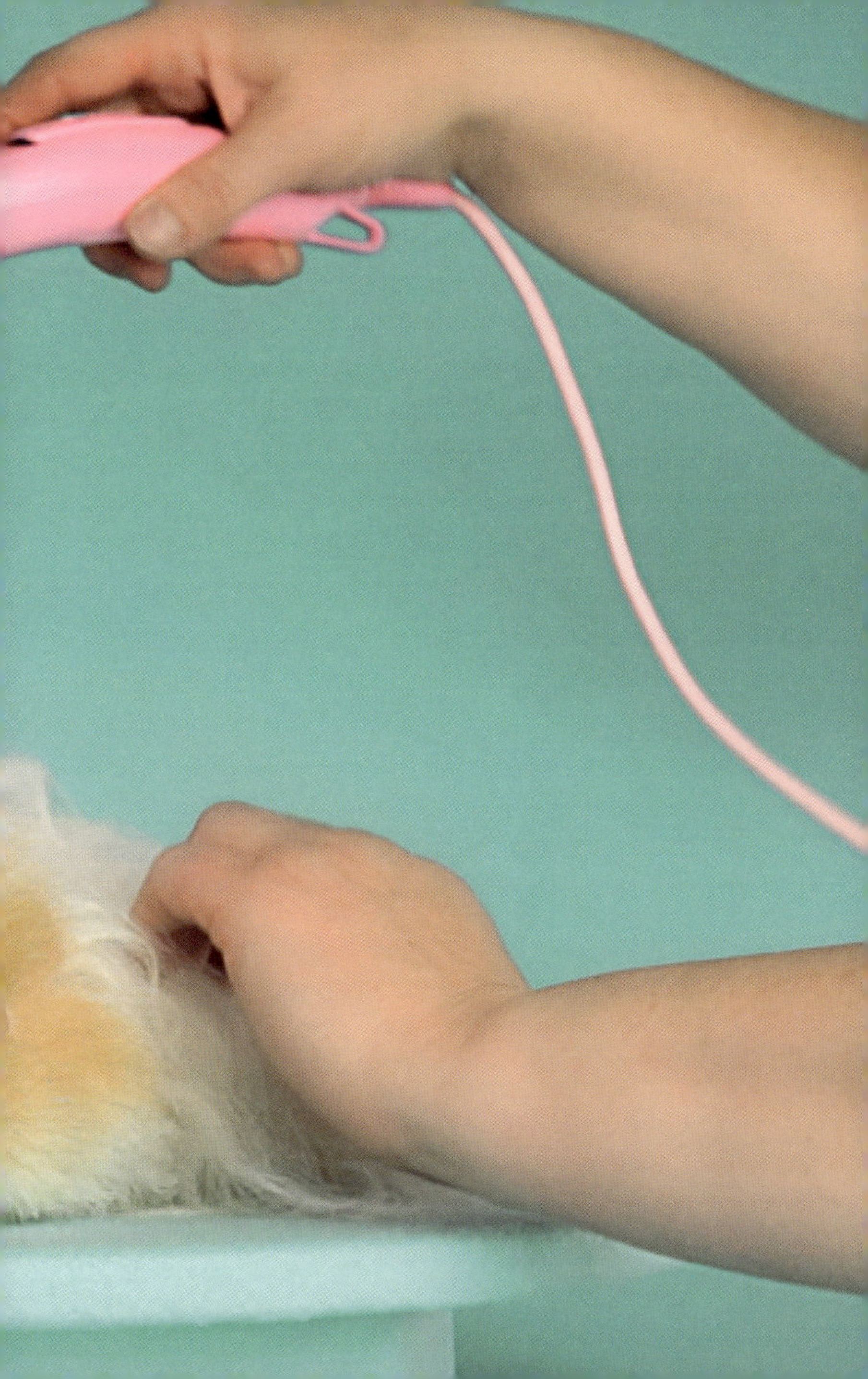

Thalia de Jong

Golden Boy

2015

Golden Boy ist ein preisgekröntes Meerschweinchen. Auf einem Präsentierteller sitzend wird es frisiert. In seinem Fell stecken rosa Haarklammern, die seine lange Haarpracht in die richtige Form bringen sollen. Bis zur vermeintlichen Perfektion wird von Menschenhand gezupft, gestutzt und schließlich geföhnt. Ein natürliches Verhalten ist dem Tier gänzlich abhandengekommen und das Meerschweinchen wird zur regungslosen Projektionsfläche menschlichen Schönheitswahns.

Golden Boy, a prize-winning guinea pig, is sitting on a salver being groomed. His coat contains pink hair clips which are intended to tease his magnificent fur into the right shape. He is plucked, trimmed and finally blown-dry by human hand, apparently to perfection. But all forms of natural behaviour have completely disappeared as the guinea pig becomes a motionless object onto which humans' crazy notions of beauty are projected.

HD-Video, Sound, 2:00 Min.

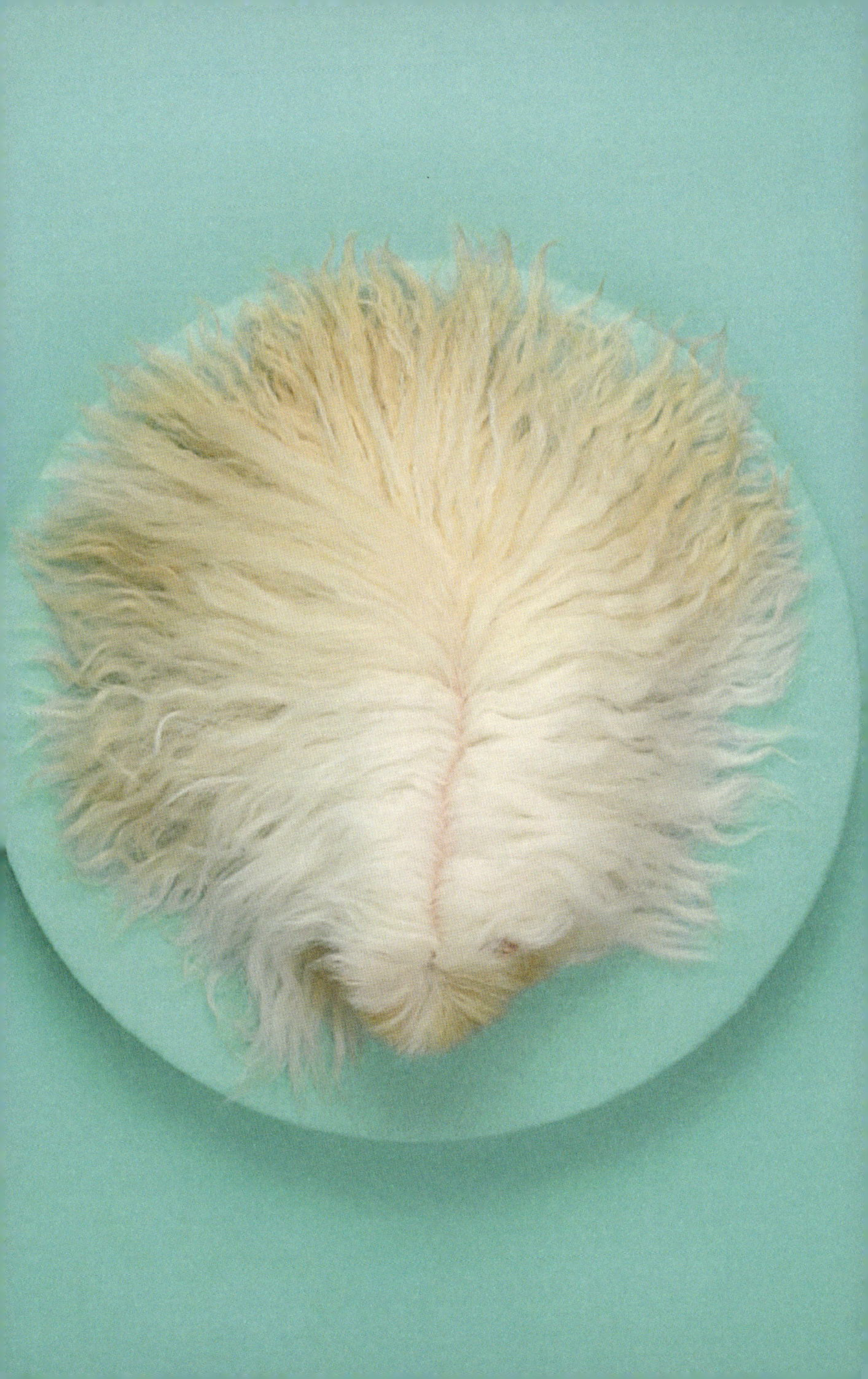

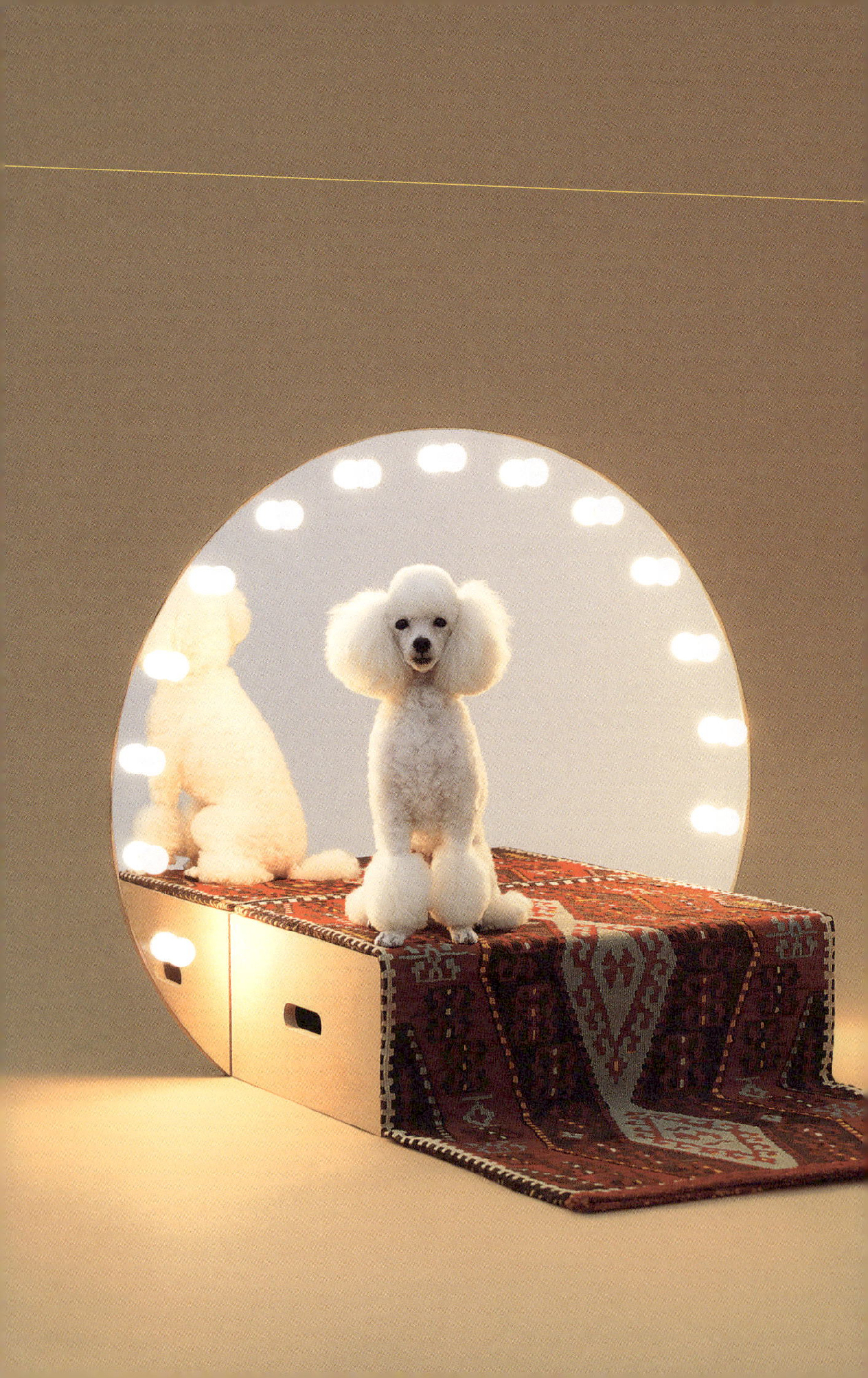

Architecture for Dogs: Paramount

2012

Ein Podest mit einem weichen Teppich, darauf ein Hollywood-Schminkspiegel, der rundherum mit 15 Glühbirnen beleuchtet ist: Die Installation des Designers Konstantin Grcic steht auf dem Boden, bereit von einem Pudel als Bühne genutzt zu werden. In Selbstwahrnehmungsexperimenten haben Wissenschaftler*innen herausgefunden, dass sich einige Tiere selbst im Spiegel erkennen können – Hunde gehören jedoch nicht zu dieser Gruppe. Dennoch sprechen stolze Pudelbesitzer*innen ihren Hunden menschliche Eigenschaften zu; als Reaktion darauf entwarf Grcic das Selbstbaumöbel für eitle Vierbeiner.

On a small platform covered by a soft rug is a Hollywood makeup mirror lit up by 15 light bulbs around it. The installation by designer Konstantin Grcic stands on the floor, ready to be used as a stage by a poodle. During experiments into self-perception, scientists have discovered that some animals can recognize themselves in the mirror – but not dogs. Even so, proud poodle owners attribute human characteristics to their dogs – and in response to this, Grcic designed this flat-pack furniture for vain fourlegged friends.

Selbstbaumöbel, Podest, Spiegel, Teppich, Glühbirnen
Do-it-yourself furniture, pedestal, mirror, carpet, bulbs
79 × 42 × 90 cm

N°00 Furwig

1996

Desiree Heiss und Ines Kaag arbeiten seit Mitte der 90er Jahre zusammen unter dem Label BLESS. Ursprünglich als Modedesignerinnen ausgebildet, sind sie heute vor allem bekannt für ihre konzeptuellen Entwürfe. *Furwig* zählt zu den frühesten Werken und verhalf dem Duo zu internationaler Bekanntheit. Das Objekt bewegt sich irgendwo zwischen Perücke, Hut und Irokesenschnitt. Obgleich die Kopfbedeckung aus Waschbärenfell ihren Träger*innen ein tierliches Erscheinungsbild verleiht, bleibt die genaue Funktion ungeklärt.

Desiree Heiss and Ines Kaag have been working together under the BLESS label since the mid-1990s. These trained fashion designers are best known for their conceptual designs. *Furwig*, one of their earliest works, helped them achieve international fame. A cross between a wig, a hat and a Mohican hairstyle, although this headgear made of raccoon skin gives its wearers an animal appearance, its exact function remains uncertain.

Waschbär und Leder
Racoon and leather
20 × 20 cm

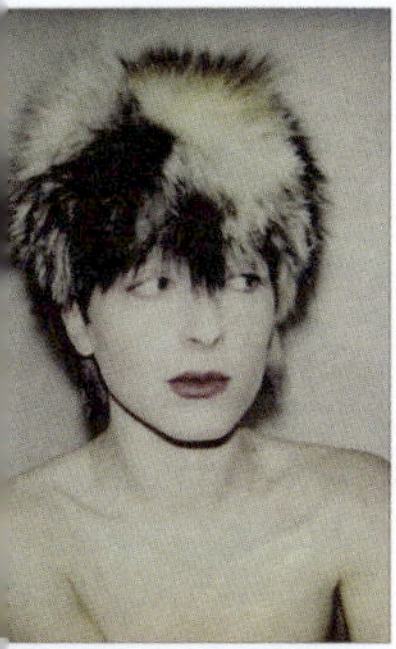
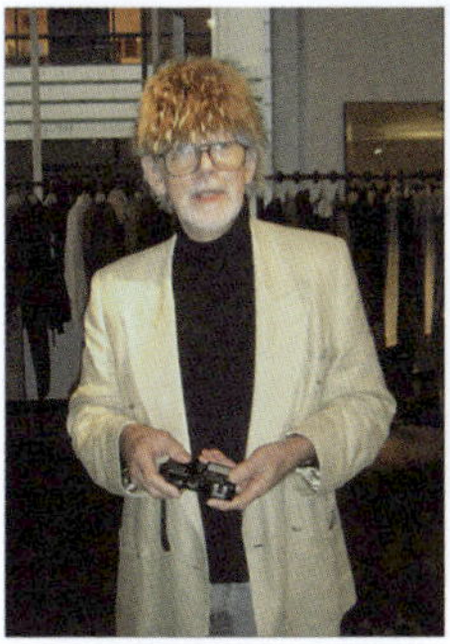
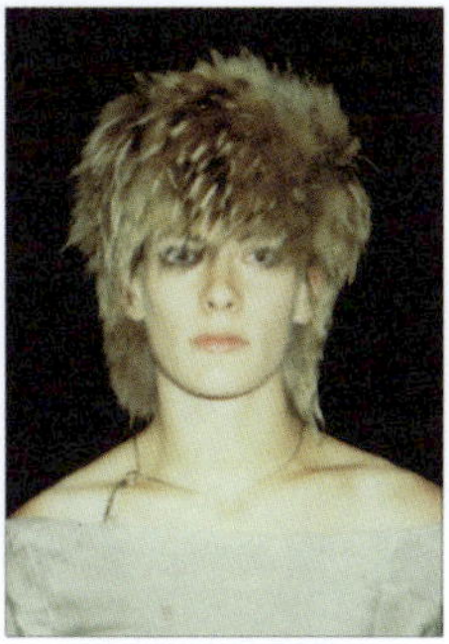
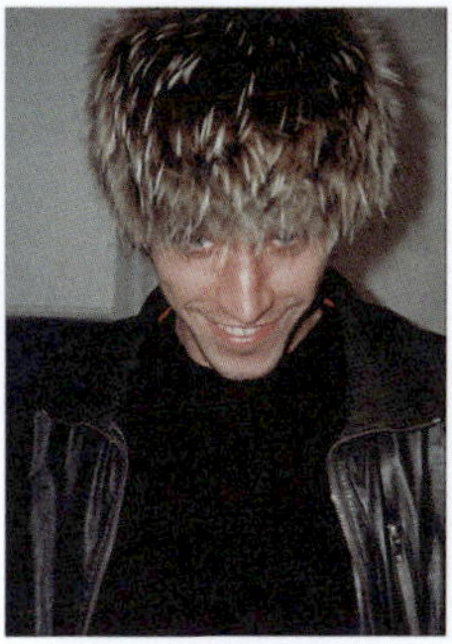
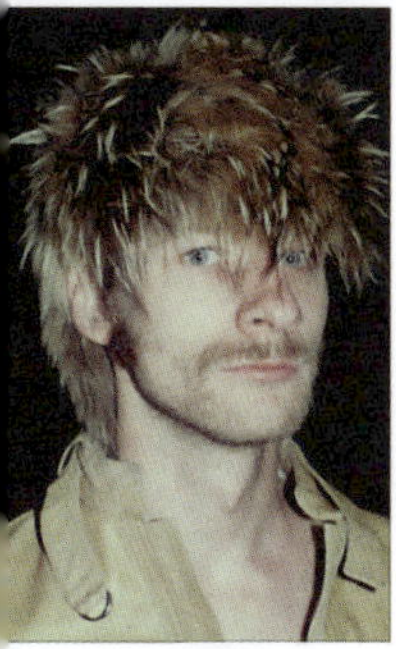
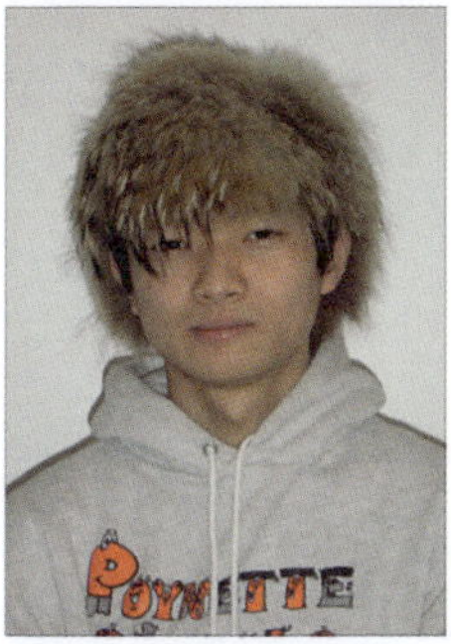
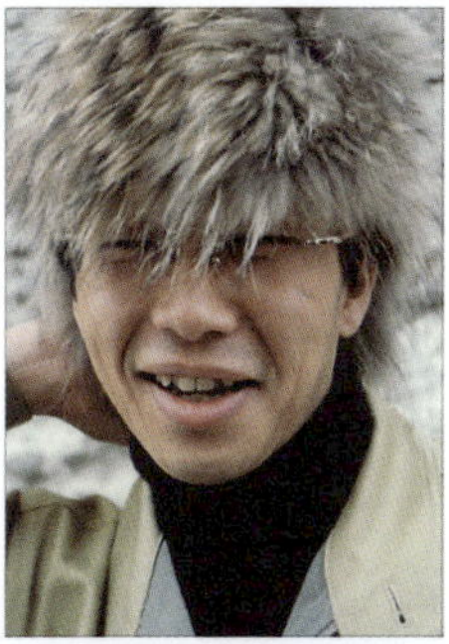
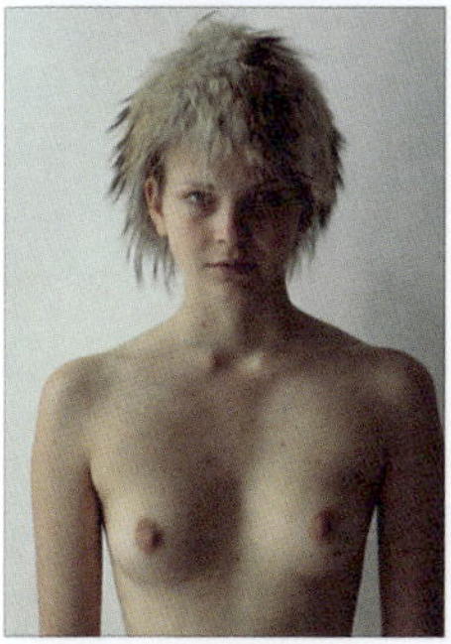
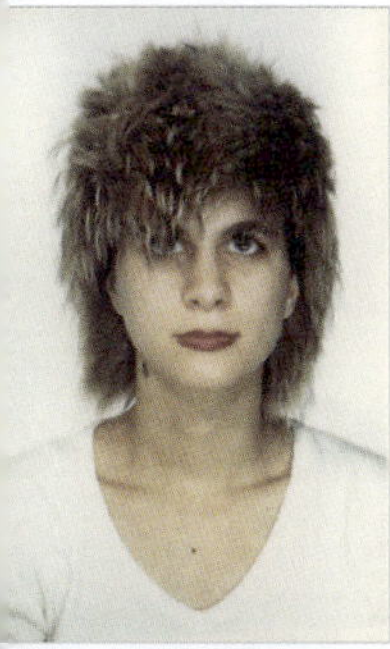
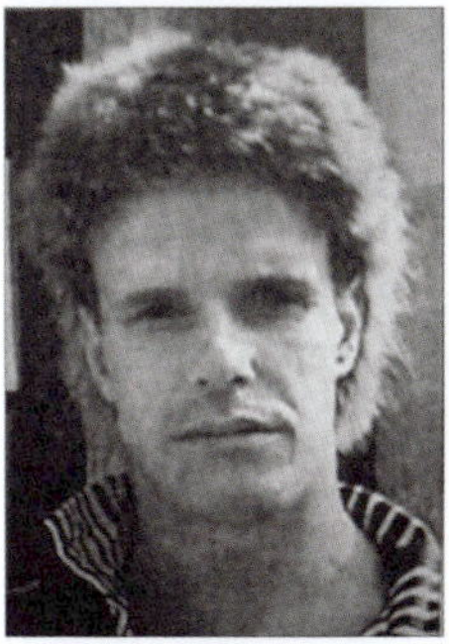
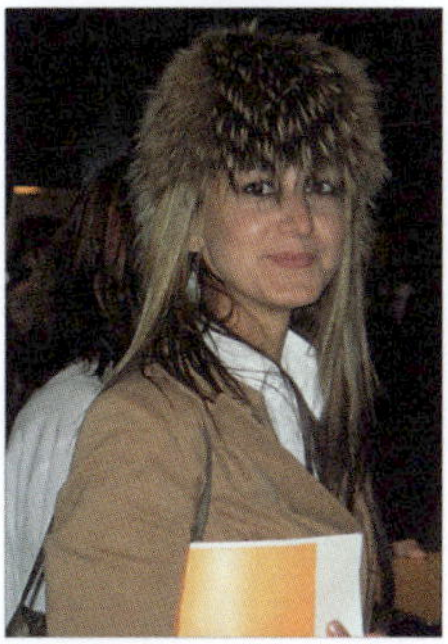
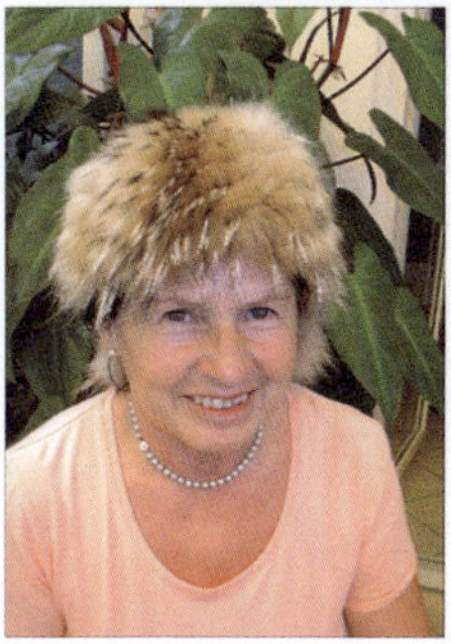
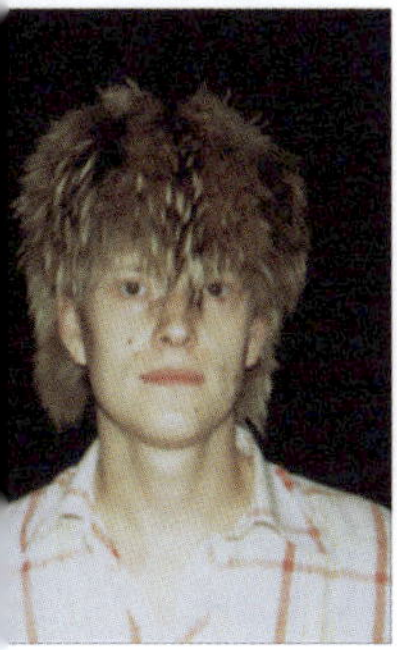
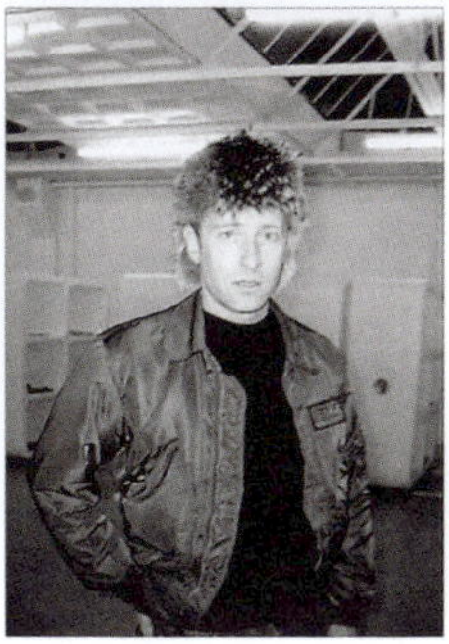
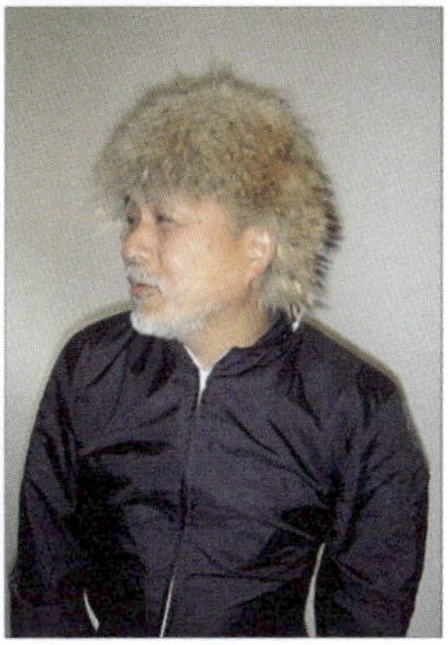
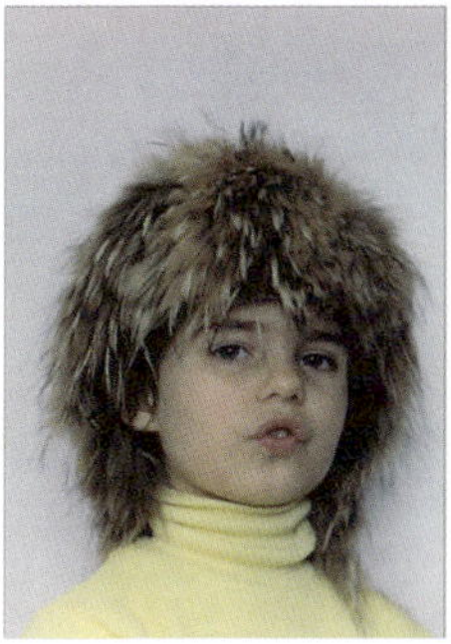

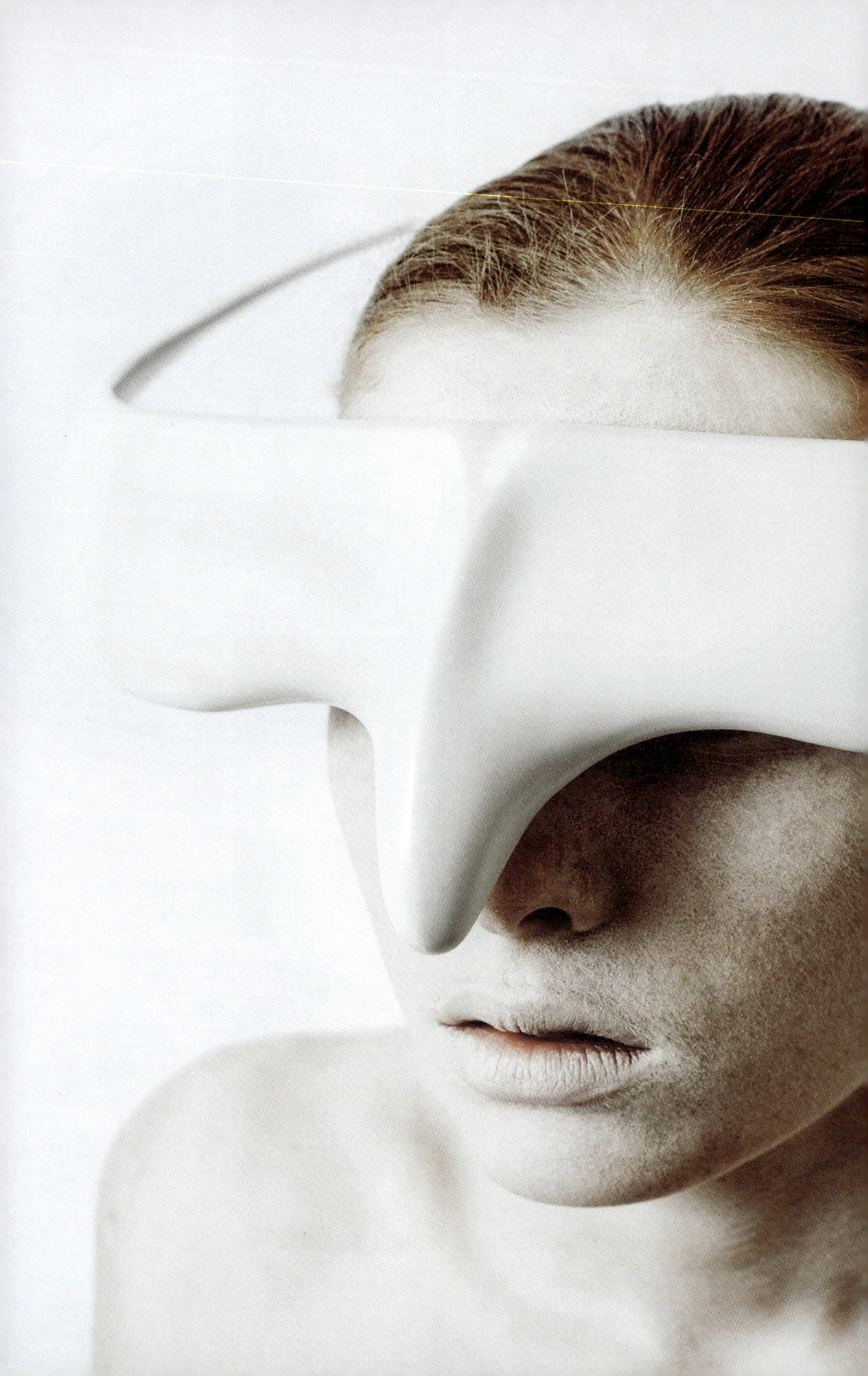

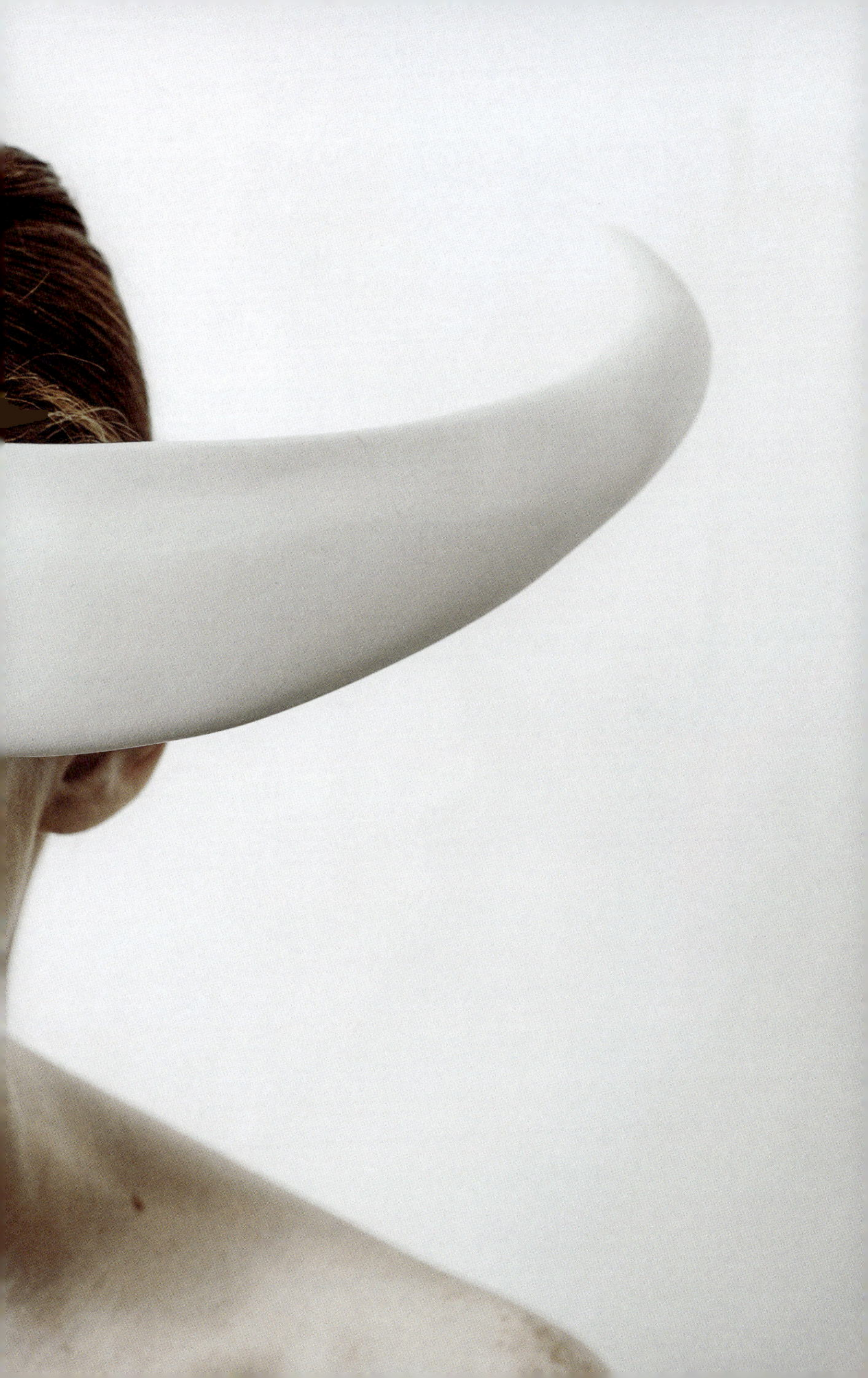

Ana Rajcevic

Animal 02 / 06 / 07

The Other Side of Evolution, 2012

Inspiriert von tierlichen Skeletten entwarf Ana Rajcevic eine Reihe skulpturaler Objekte, die wie Schmuckstücke ihre Träger*innen zieren. Zugleich erinnern diese Körpererweiterungen aber auch an archaische Artefakte, die in rituellen Zusammenhängen oftmals dazu eingesetzt werden, eine besondere Kraft von Tieren auf die Menschen zu übertragen. So mutieren diese zu Mischwesen, die ebenso einer vergangenen wie zukünftigen Welt angehören könnten.

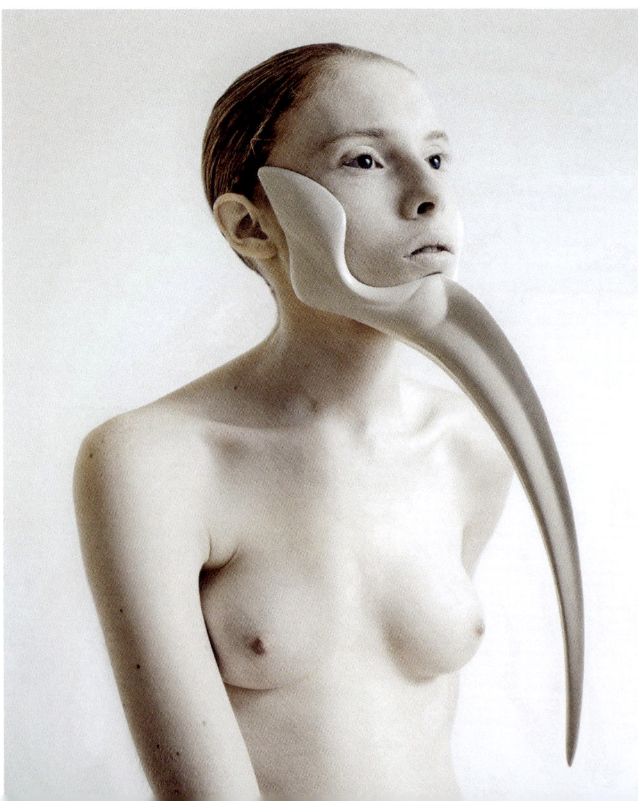

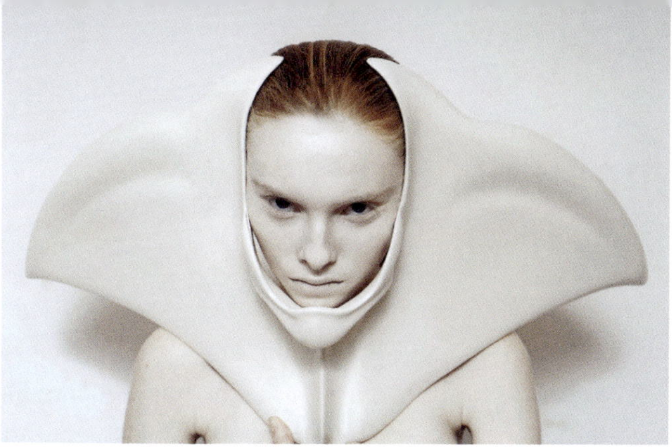

Inspired by animal skeletons, Ana Rajcevic designed a series of sculptural objects which adorn the wearer like large pieces of jewellery. These body extensions are also reminiscent of archaic artefacts often used in rituals to transfer an animal's special power to humans. The wearers are transformed into mixed creatures which could equally belong to a past or future world.

Fiberglas, Polyurethan, Kautschuk
Fibreglass, polyurethane, rubber
22 × 37 × 16 cm; 10 × 16 × 13 cm; 19 × 31 × 7 cm

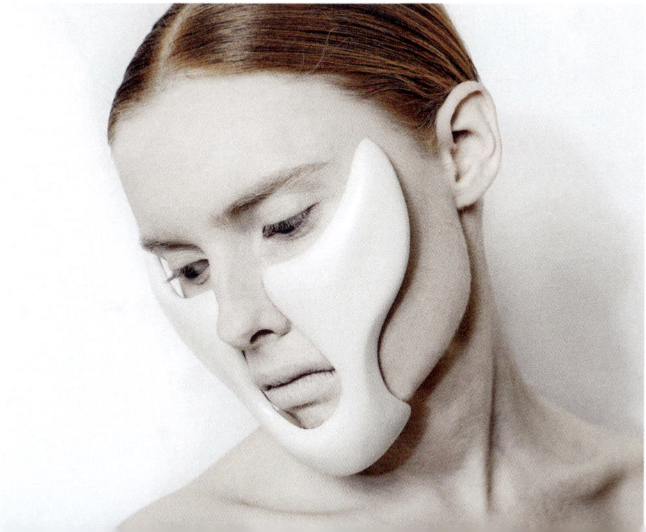

Plume Dress

Biomimicry Collection, 2016

Die intensive Auseinandersetzung mit unterschiedlichen Haut- und Oberflächenstrukturen von Tieren bildet den Ausgangspunkt für die Kollektion *Biomimicry*. Die Oberfläche, die von dem Federkleid eines Tieres inspiriert ist, besteht aus unterschiedlichen, teils beweglichen Teilen. Das Kleid vereint klassisches Handwerk mit experimenteller Technik und imitiert damit nicht nur eine faszinierend schöne, in der Natur vorkommende Struktur, sondern verweist auch auf ihre perfekte Schutzfunktion vor Kälte und Feuchtigkeit.

The Biomimicry collection began with the study of different skin structures. Inspired by the plumage of an animal, the surface consists of different, in some cases moving parts. As well as combining traditional craftsmanship with the experimental technology, the dress imitates a fascinatingly beautiful structure occurring in nature – and also highlights its perfect protective function against cold and damp.

Recycelte Badmintonbälle, Netzstoff
Recycled badminton shuttlecocks, power mesh
91,4 × 61 × 38 cm

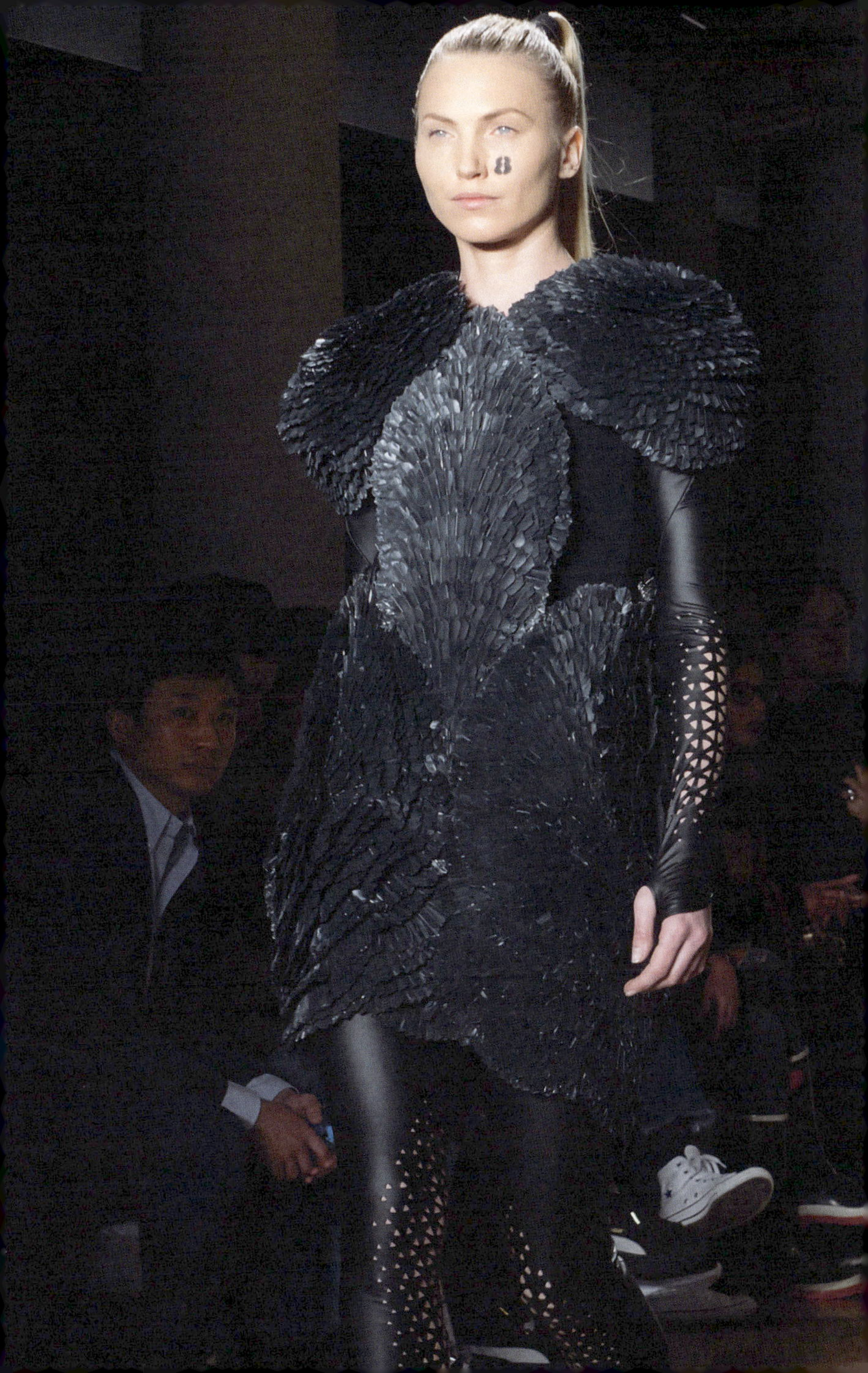

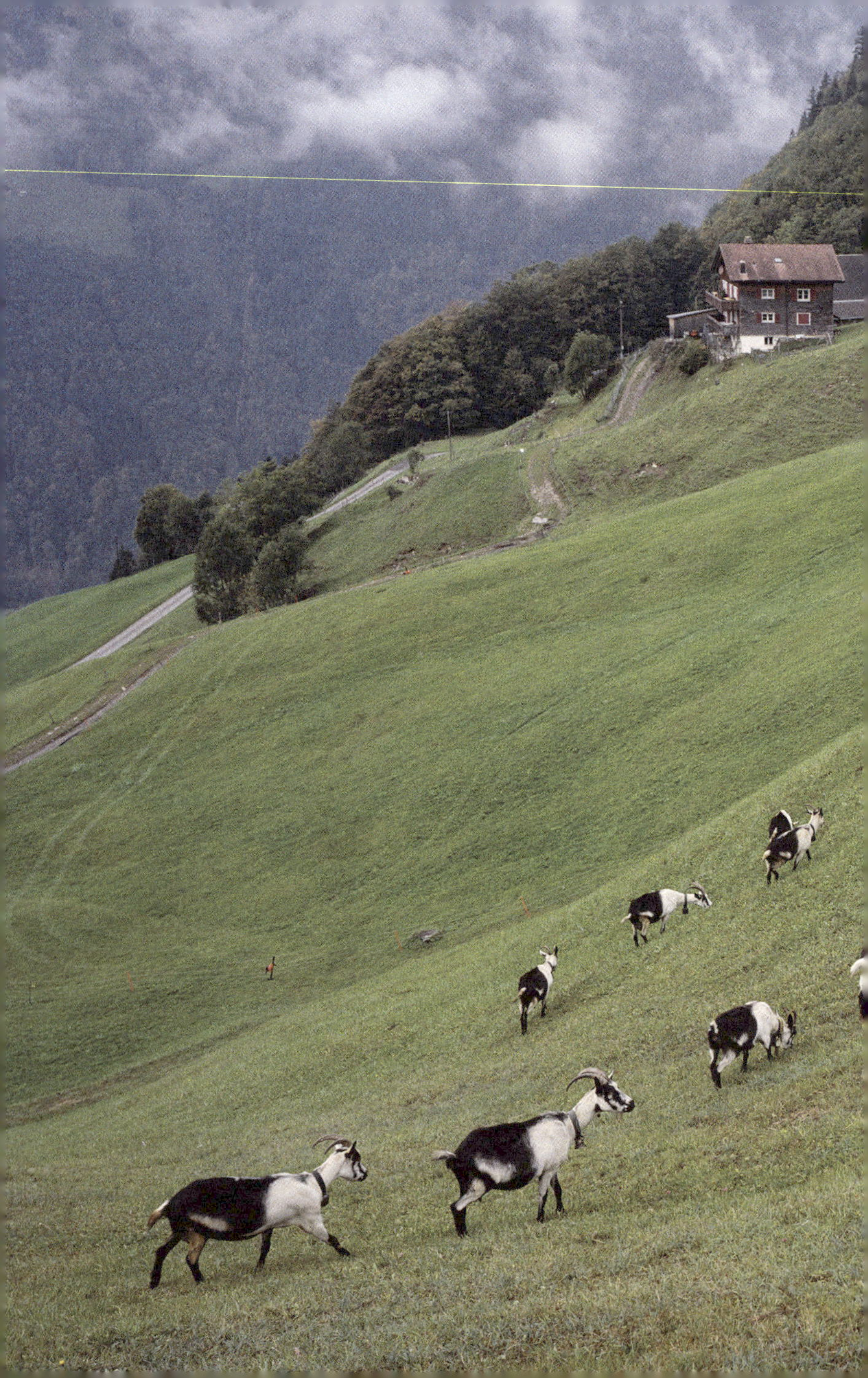

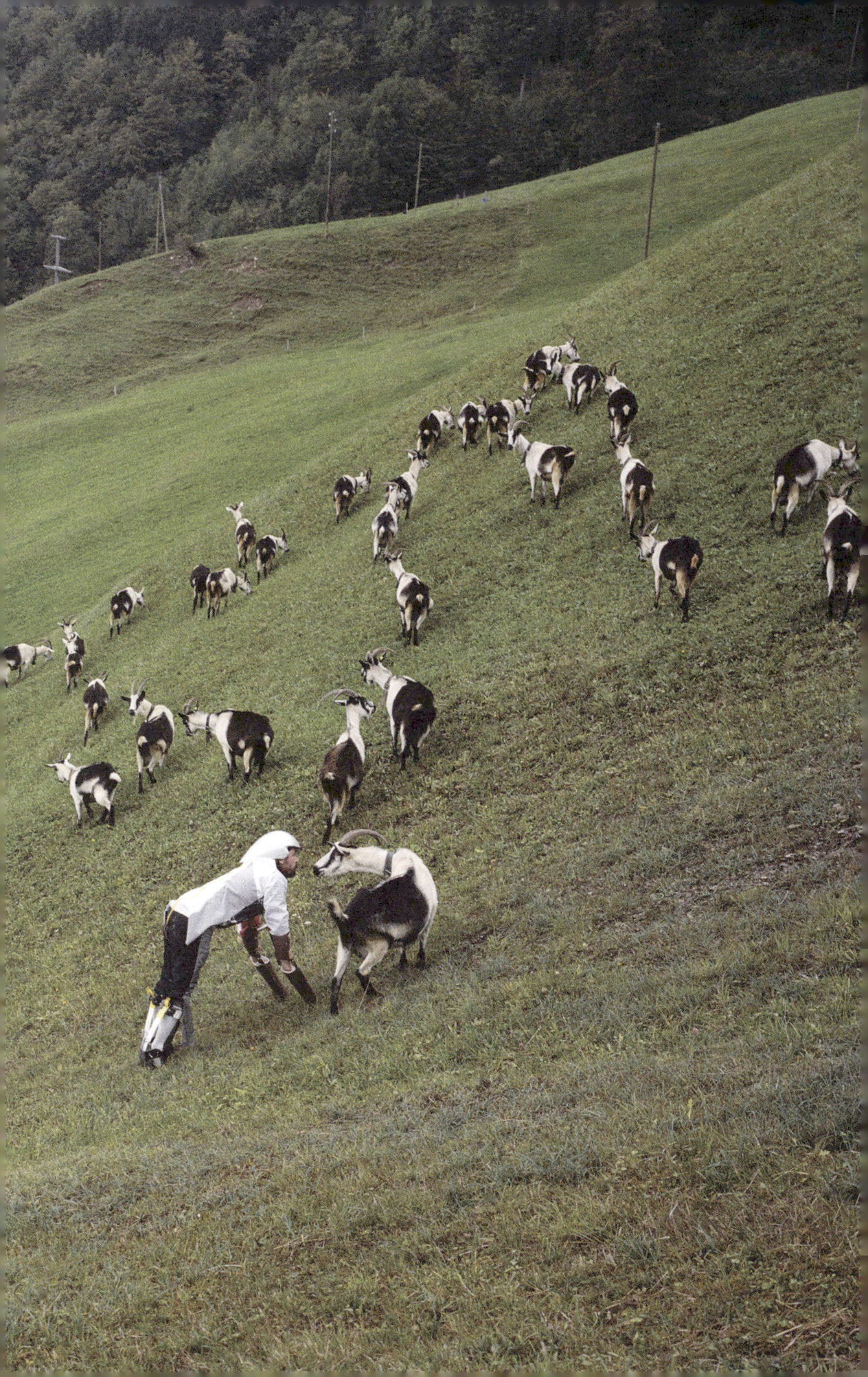

Thomas Thwaites

GoatMan

A Holiday from Being Human, 2015

Der britische Designer Thomas Thwaites lebte einige Tage als Ziege in den Schweizer Alpen. Eigens dafür angefertigte Prothesen ermöglichten ihm den Vierfüßlergang, er kletterte über felsige Hänge und stellte Überlegungen an, wie er sich von Gras ernähren und dieses verdauen könnte. Das Projekt *Urlaub vom Menschsein* reflektiert den Wunsch, sich von menschlichen Zwängen, wie dem permanenten Fortschrittsstreben, und dem Nachdenken über das eigene Tun zu lösen und wie ein Tier »einfach im Moment zu leben«. Bei diesem Versuch, die Welt aus der Perspektive eines anderen Lebewesens zu erleben, konsultierte er Neurowissenschaftler, Tierverhaltensforscher, Prothetiker, Mitarbeiter auf einem Gnadenhof und eine Schamanin, um sich körperlich und psychologisch möglichst exakt an die Tiere anzugleichen. Er begab sich dabei in extreme Grenzsituationen, was dazu führte, dass die Ziegen ihn tatsächlich zu akzeptieren schienen.

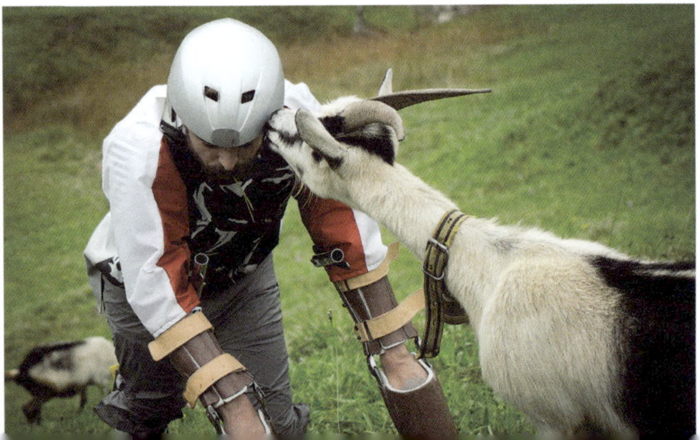

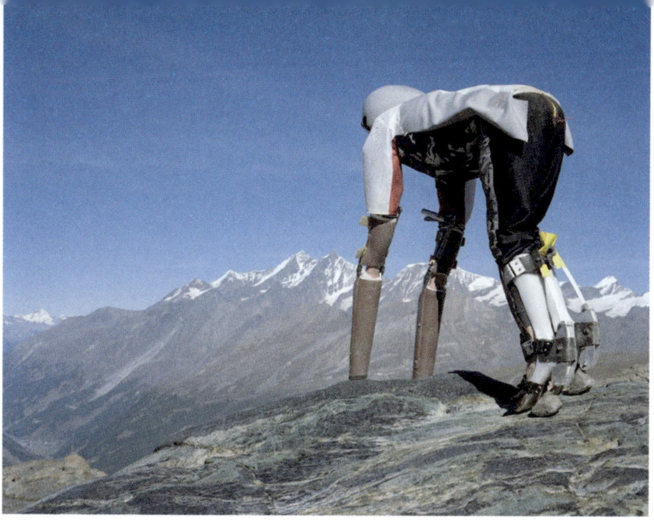

British designer Thomas Thwaites spent a few days in the Swiss Alps living like a goat. Using specially made prosthetic legs enabling him to walk like a quadruped, he climbed over rocky slopes and considered how he could feed himself on grass and digest it. The project *A Holiday from Being Human* reflects the desire to free oneself from human constraints such as the constant pursuit of progress and thinking about one's own actions, and to "live totally in the moment" like an animal. When planning this attempt to experience the world from the perspective of another creature, Thwaites consulted neuroscientists, animal behaviourists, prosthodontists, staff at an animal sanctuary and a shaman in order to become as similar to the animals as possible, both physically and mentally. And having gone to these extreme lengths, he actually seemed to be accepted by the goats.

Holz, Metall, Kunststoff, Fiberglas, Ziegenknochen, Stoff, Leder
Wood, metal, plastic, fibreglass, goat bones, fabric, leather
Maße variabel / Variable dimensions

The Man who Wanted to be a Goat, 2015
Video, Sound, 16:05 Min.

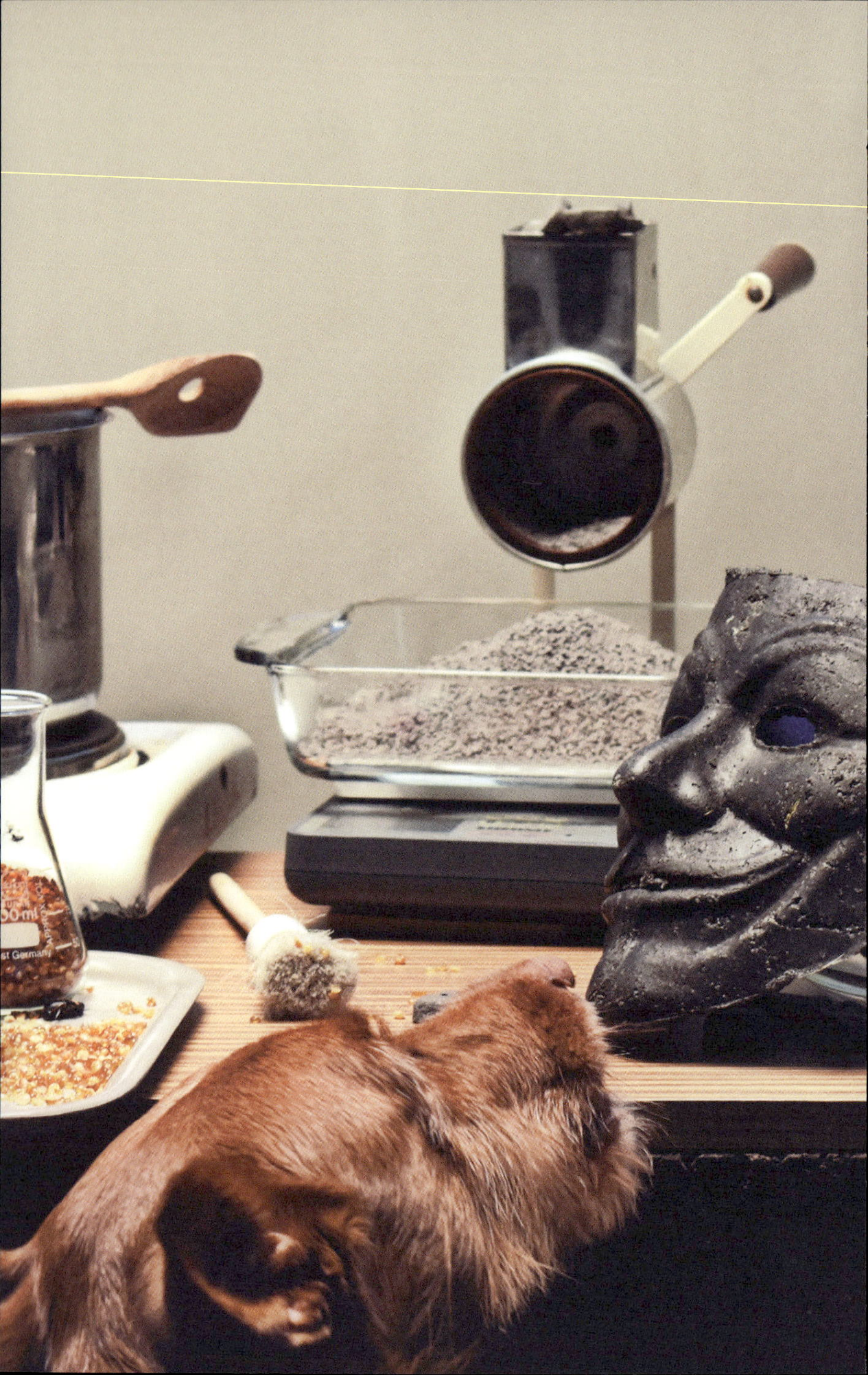

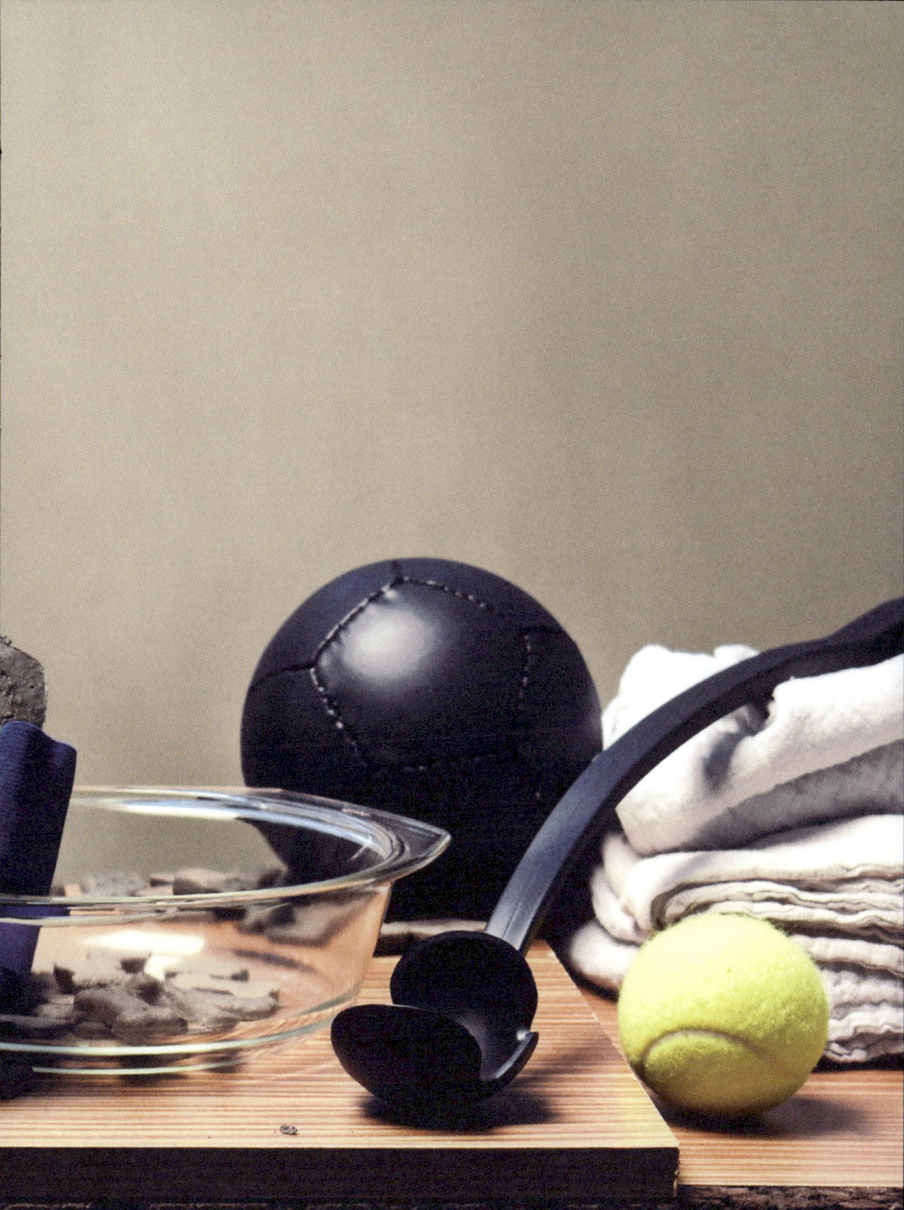

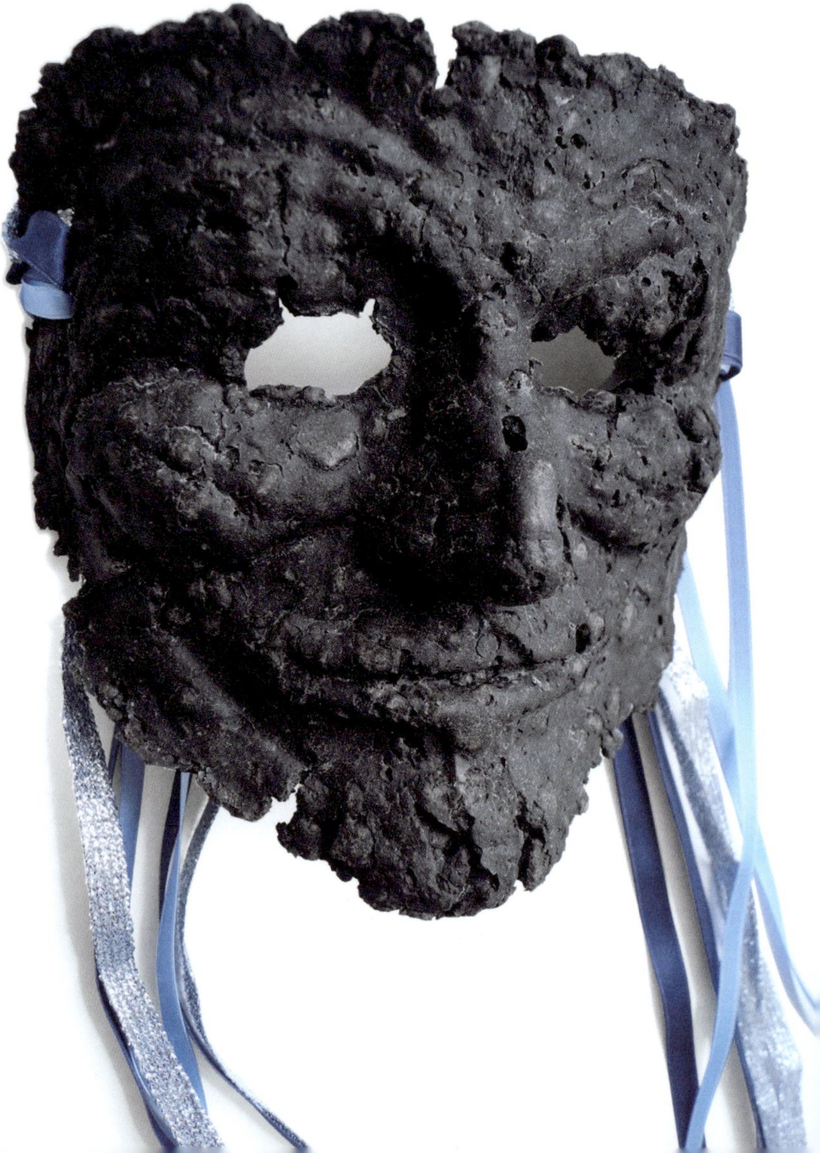

Christine Herdin, Katharina Wahl

Schmusemaske Schleckstein

2015

Auf dem Heimtiermarkt sind Delikatessen für Tiere besonders gefragt. Wie Christine Herdin und Katharina Wahl zeigen, sind der Fantasie dabei keine Grenzen gesetzt: Sie entwickelten Schlecksteine in Form einer Maske. Indem die Vierbeiner diese ablecken, nehmen sie nicht nur gesundheitsfördernde Mineralien zu sich, sondern werden zugleich angehalten, Frauchen und Herrchen zu liebkosen. Das Projekt ist aber nicht nur ein Symbol für eine innige Verbundenheit zwischen Menschen und Tieren, sondern wirft zugleich Fragen danach auf, wo die Grenzen zwischen Dominanz und echter Zuneigung, zwischen Zähmung und Zügellosigkeit verlaufen und ab wann Tiere für menschliche Bedürfnisse instrumentalisiert werden.

Tasty delicacies for animals are in high demand on the pet market. And the possibilities are endless, as demonstrated by Christine Herdin and Katharina Wahl, who have developed a mineral lick shaped like a mask. By licking it, four-legged friends are provided with healthy minerals and simultaneously encouraged to canoodle with their owner. But as well as symbolizing a close bond between humans and animals, the project also raises questions about the boundaries between domination and genuine affection, between taming and uncontrollability, and the point at which animals are exploited to satisfy human needs.

Masken aus Hundekuchen und organischem Binder
Masks of dog biscuit and bone glue
8 × 16 × 16 cm; 8 × 18 × 17 cm

HD-Video, 1:32 Min.

Do you like the taste
of sugar?

Do you have
homosexual sex?

Do you get apprehensive?

Is the dental formula for
each quadrant of your
mouth: 2 incisors,
1 canine, 2 premolars,
3 molars?

Can you perform
acrobatics?

Do you keep tools
for future use?

Do you have abstract
thoughts?

Do you use sex toys?

(Male) Does your
scrotum hang freely?

Can you wade in water?

(Male) Can you be sure
you are the father of
your children?

Do you pout?

Do you anticipate social
repercussions for
yourself and others?

Are you adopted?

Are you promiscuous?

Does your eye have
a bony socket enclosing it?

Can you walk on all fours?

Are you affectionate?

Do you feel compassion?

Do you like to watch
the sunset?

Do you make
representational art?

Can you walk on two feet?

Are you agreeable?

Do you form concepts?

Do you use sex for
appeasement?

Does your brain have
two halves?

Do you bare your teeth
as an aggressive gesture?

Do you break alliances
between others
for your own gain?

Do you have food-related
sex?

Do you eat roots?

Do you have a
concept of self?

Do you have sex
for pleasure?

Do you catch colds?

Do you make your bed?

Do you get angry?

Do you have a creative
imagination?

Do you eat soil?

Do you have collarbones?

Do you offer an open
hand when begging?

Do you annoy others?

Do you get sad?

Can you run?

Do you appease others?

Do you ever fear
the unknown?

Can your shoulder
rotate 360 degrees?

Do you anticipate?

Can you stand upright?

Do you get coughs?

Would you bite as an
aggressive / defensive act?

Do you have an
aversion to things
that in the past
have scared you?

Do you teach others?

Might you develop cancer?

Do you care for
your body?

Do you use touch
to bond with others?

Are you aggressive?

Do you play on your own?

Have you ever
had diarrhoea?

Do you communicate
with gestures and voice?

Do you help others?

Are you friendly?

Can you scream?

Does the colour of your
face differ from that
of others?

Do you resolve
conflicts using sex?

Do you live cooperatively
in a group?

Do you have a sense
of fairness?

Do you solicit sex?

Marcus Coates
In Zusammenarbeit mit / In collaboration with Volker Sommer

Degreecoordinates, Shared Traits of the Hominini

(Humans, Bonobos and Chimpanzees), 2015

In seinem Text, der in Zusammenarbeit mit dem Primatologen Volker Sommer entstanden ist, konfrontiert Marcus Coates die Betrachter*innen mit einer Reihe von Fragen. Ausgangspunkt dafür sind sowohl körperliche als auch psychische Merkmale von sogenannten Hominiden, zu denen neben Gorillas, Orang-Utans und Schimpansen biologisch gesehen auch die Menschen zählen. Die Arbeit verweist auf die Gemeinsamkeiten zwischen Affen und vermeintlich kultivierten Menschen. Aufgrund eines Überlegenheitsgefühls gegenüber der Tierwelt werden diese oftmals verleugnet. Die Fragen können als Poster von den Besucher*innen mitgenommen werden.

In his text written with primatologist Volker Sommer, Marcus Coates confronts observers with a series of questions. As their starting point, they took both physical and mental characteristics of hominids, a biological family of primates which includes gorillas, orangutans and chimpanzees – and also humans. The work highlights the similarities between apes and supposedly cultivated humans, similarities which are frequently denied due to mankind's sense of superiority over the animal kingdom. Visitors can take the questions away with them as a poster.

Poster
59,4 × 42 cm

Magst du den Geschmack von Zucker?

Hast du Sex mit gleichgeschlechtlichen Partnern?

Bist du ängstlich?

Lautet das Zahnschema für jeden Quadranten deines Gebisses: 2 Schneidezähne, 1 Eckzahn, 2 vordere Backenzähne, 3 hintere Backenzähne?

Bist du akrobatisch veranlagt?

Bewahrst du Werkzeuge für den zukünftigen Gebrauch auf?

Denkst du abstrakt?

Benutzt du Sexspielzeug?

(männlich) Hängt dein Hodensack frei?

Kannst du durch Wasser waten?

(männlich) Kannst du sicher sein, dass du der Vater deiner Kinder bist?

Schmollst du manchmal?

Bedenkst du die sozialen Auswirkungen auf dich und die anderen?

Bist du adoptiert?

Bevorzugst du Promiskuität?

Ist dein Auge in eine Knochenhöhle eingebettet?

Kannst du auf allen vieren gehen?

Bist du zärtlich?

Fühlst du Mitleid?

Schaust du gern den Sonnenuntergang an?

Produzierst du gegenständliche Kunst?

Kannst du auf zwei Füßen gehen?

Bist du umgänglich?

Entwickelst du Konzepte?

Setzt du Sex zur Versöhnung ein?

Hat dein Gehirn zwei Hälften?

Entblößt du deine Zähne als aggressive Geste?

Entzweist du andere zu deinem eigenen Vorteil?

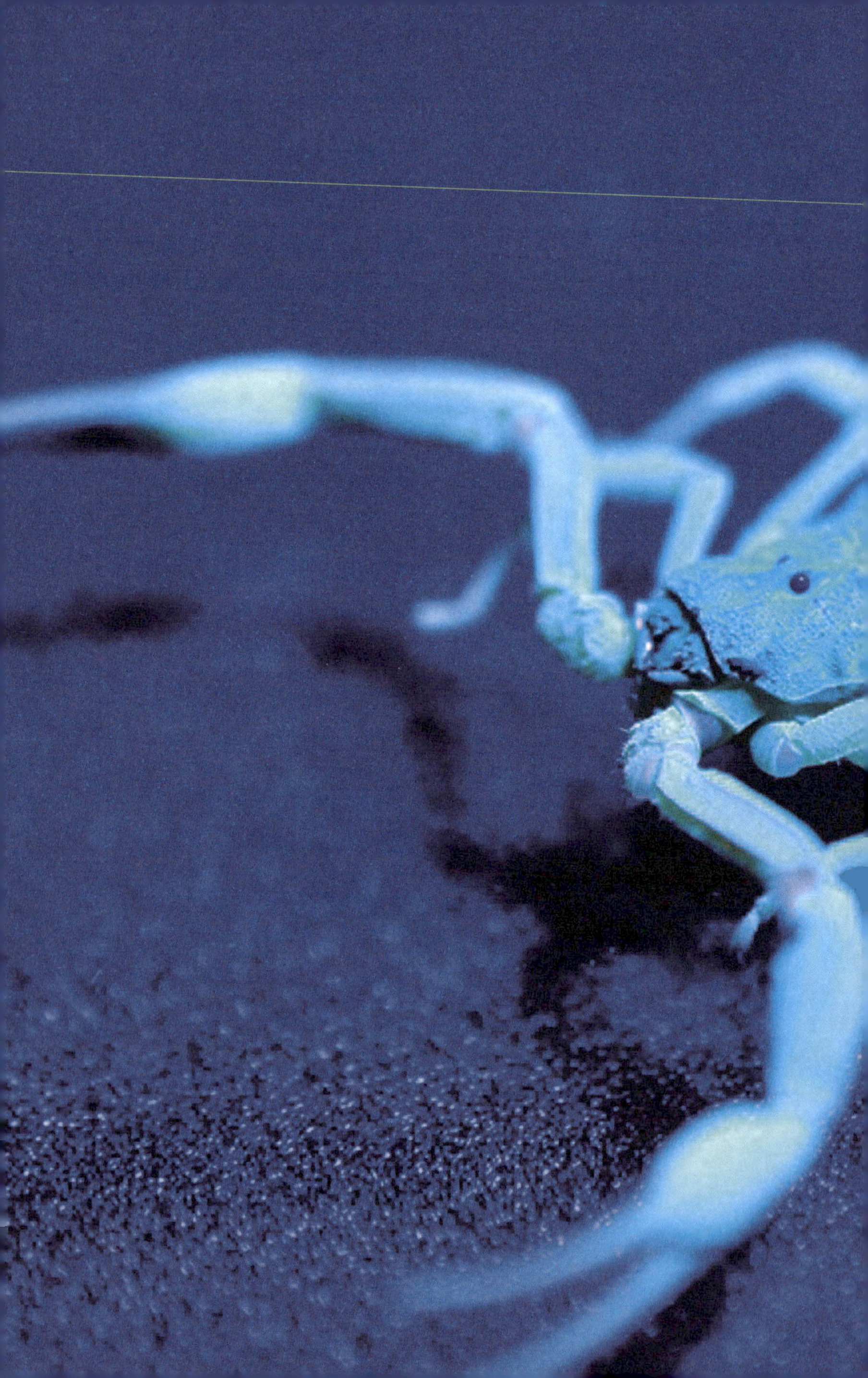

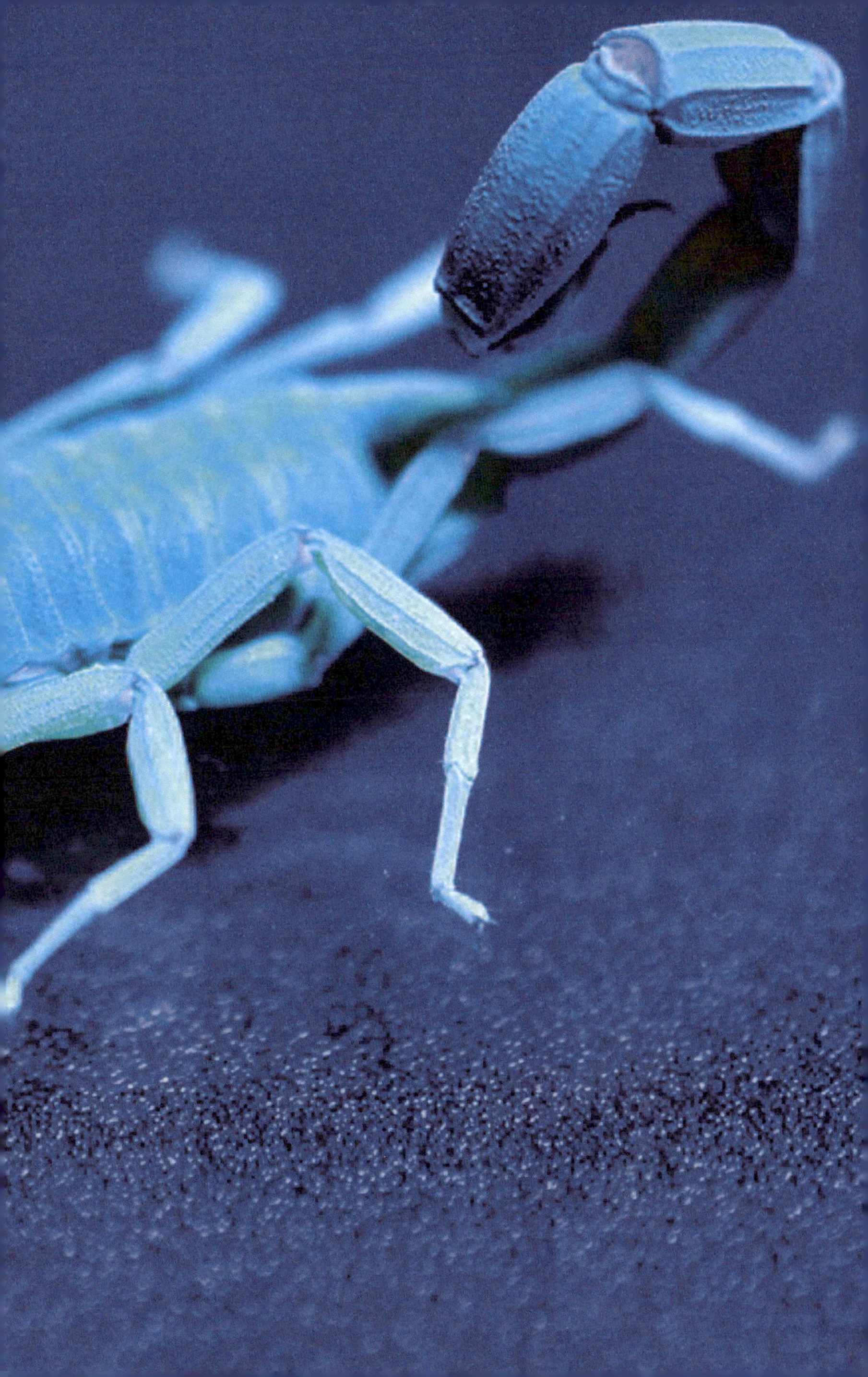

Martin Avila

Doomestics

Teil des Projekts / Part of the project Symbiotic Tactics, 2013–2016

In Argentinien mehren sich die Nachrichten, dass Menschen durch Skorpione ums Leben kommen, die durch die Kanalisation und den Abfluss ins Badezimmer gelangen. Im Rahmen seines Forschungsprojekts beschäftigte sich Martin Avila mit der Frage, welche Möglichkeiten des Zusammenlebens zwischen Menschen und Tieren bestehen, die als unerwünscht oder sogar gefährlich wahrgenommen werden. Wie kann man allem Ekel und aller Furcht zum Trotz eine Verbindung zu Skorpionen oder Kakerlaken herstellen? Das Projekt zeigt, welche Rolle Artefakte in unserer Beziehung zu Tieren spielen können, wie sie diese Wesen sichtbar machen und sie in das städtische Alltagsleben integrieren.
In einer Art Kartografierung kann Martin Avilas Arbeitsprozess in der Ausstellung nachvollzogen werden.

In Argentina, there are growing reports in the media of people being killed by scorpions entering bathrooms through sewers

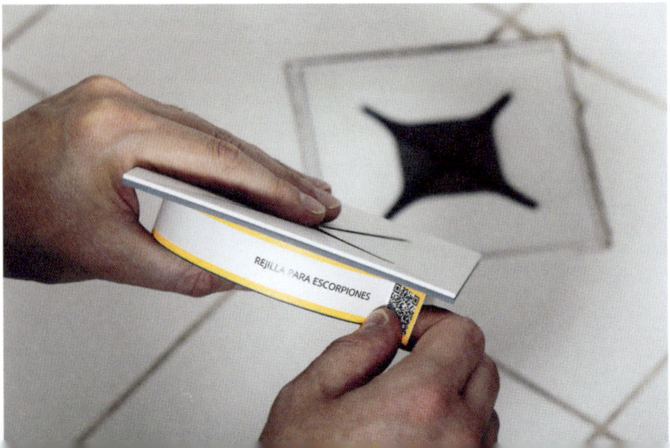

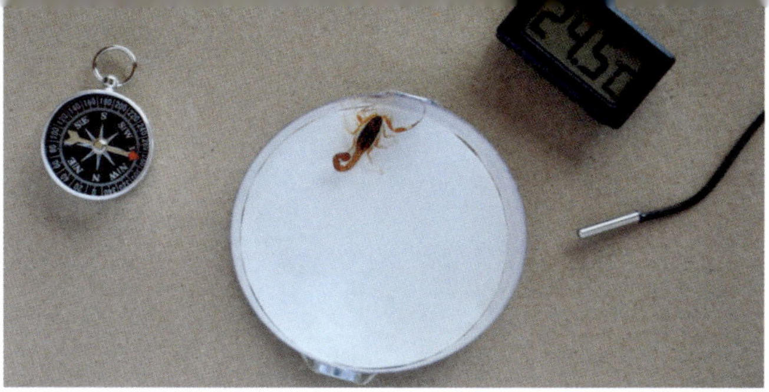

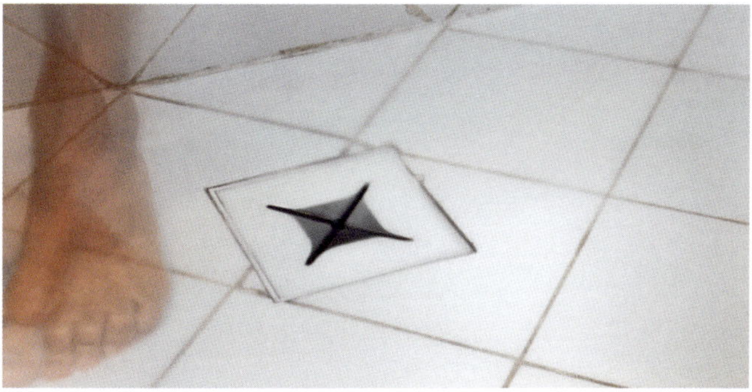

and drains. During his research project, Martin Avila explored the possibilities of humans living alongside animals which are perceived as undesirable or even dangerous. How can people overcome their revulsion and fear, and connect with scorpions or cockroaches? The project shows the role which artefacts can play in our relationship with animals, including how they make these creatures visible and integrate them into everyday urban life. The way in which Martin Avila works can be seen in the exhibition thanks to the use of a type of cartography.

Mixed Media und 3D-gedrucktes ABS
Mixed Media and 3D printed ABS
Verschiedene Maße / Various dimensions

Kapitel 2

Chapter 2

Ressourcen 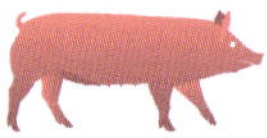 +

Resources +

Ersatzstoffe 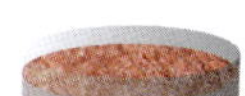

Substitutes

Die Mensch-Tier-Beziehung geht weit über Tiere als Gefährten des Menschen hinaus. Seit jeher dienen Tiere dem Menschen auch als Werkzeug und Ressource. Felle und Wolle spenden Wärme, Häute werden zu Behausungen oder Möbeln verarbeitet, Geweihe, Hörner und Zähne als Jagdtrophäen gesammelt und aus Tiertoxinen oder -knochen Medikamente hergestellt. In ziemlich allen Lebensbereichen kommen tierliche Stoffe zum Einsatz: Sei es als Knochenmehl in Zahnpasta, Fischschuppen in Nagellack oder sogar tierliches Zellmaterial in LCD-Bildschirmen. Darüber hinaus kann auch heute bei einigen Produkten, vor allem in Kosmetikindustrie und Medizin, noch nicht auf Tierversuche verzichtet werden. Unsere gesamte Kultur und Warenwelt ist von tierlichen Rohstoffen durchzogen und von Tieren als Material abhängig.

Die Tatsache, dass Tiere auch als Werkzeug und Ressource für den Menschen unerlässlich scheinen, bringt die industrielle Zivilisation ethisch, ökologisch und ökonomisch zunehmend in Bedrängnis. Eine stetig wachsende Weltbevölkerung, schwindende natürliche Rohstoffe und Nahrungsmittelknappheit, bedingt durch Faktoren wie Umweltkatastrophen oder Klimawandel sowie ethische Fragen im Tierschutz, zwingen die Menschheit zur Suche nach Alternativen. So werden in der Lebensmittelindustrie Fleischwaren durch vegetarische oder vegane Produkte oder sogar durch beispielsweise Insekten ersetzt. Um Gefühle wie Ekel gar nicht erst aufkommen zu lassen, werden optimale, neu kreierte Lebensmittel in altbekannte oder aber völlig neue Formen gegossen. In der Bekleidungsindustrie wird alternativ zu Tierhäuten aus Hefe gezüchtetes Leder verwendet. Es geht aber noch deutlich weiter: Seidenraupen werden als Arbeitstiere zur Gewinnung chirurgischer Fäden verwendet. Wissenschaftler*innen forschen daran, tierliches Material zu manipulieren und für den Menschen und seine Zwecke zu optimieren. Beispielsweise in der Transplantationsmedizin sind Tiere als Organspender schon keine Zukunftsmusik mehr. Auch menschliche Organe werden in genetisch veränderten

Tieren gezüchtet, es entstehen Mischwesen – Tiere mit menschlichem Erbgutanteil.

Andererseits ist die Produktion von tierlichen Rohstoffen nicht mehr an die Tiere selbst gebunden. Sogenanntes In-vitro-Fleisch entsteht im Labor durch die Kultivierung von Zellen und ersetzt sie fast vollständig. Welche Konsequenzen ergeben sich daraus für Tier und Mensch? Sterben *echte* Tiere vollständig aus oder sind sie nur noch im Zoo zu finden? Wird man zukünftig überhaupt noch zwischen *echten* Tieren und gestalteten Kreaturen unterscheiden können?

Human-animal interaction goes far beyond animals as human companions. Since time immemorial animals have also served humans as tools and resources. Furs and wool provide warmth, skins are made into dwellings or furniture, antlers, horns and teeth are collected as hunting trophies and medicines are made from animal poisons or bones. Animal products are used in practically all areas of life, be it as bone meal in toothpaste, fish scales in nail polish or even animal cell material in LCD screens. Furthermore, even today there are a number of products, primarily in the cosmetics industry and medicine, that still cannot get by without animal testing. Our entire culture and world of commodities are permeated with animal-based raw materials and dependent on animals as a material.

The fact that animals are seemingly indispensable to humans as tools and resources as well is increasingly causing difficulty for industrial civilization in ethical, ecological and economic terms. A continually growing global population, dwindling natural resources and food scarcity, owing to factors such as environmental disasters and climate change, as well as ethical questions in animal welfare are forcing humans to search for alternatives. By way of example, in the food industry meat products are being replaced by vegetarian and vegan ones or even by foods such as insects. To prevent even an inkling of feelings like disgust, ideal, newly created foods are presented in old established or indeed entirely new forms. The clothing industry, for example, is starting to use leather cultivated from yeast as an alternative to animal skins. But it goes far beyond that: Silkworms are being used as work animals to produce surgical thread. Scientists are researching how to modify animal-based material and optimize it for humans and their ends. In transplant medicine, for instance, using animals as organ donors is no longer a vision of the future. Human organs are also being grown in genetically modified animals, giving rise to hybrid creatures – animals with in-part human genetic material.

That said, animals themselves are no longer vital to the production of animal-based raw materials. So-called in vitro meat is being grown in labs by means of cell cultivation, replacing them more or less entirely. What consequences does this have for animals and humans? Will *real* animals die out completely, or only be found in zoos? Will we even be able to differentiate between *real* animals and designed creatures in future?

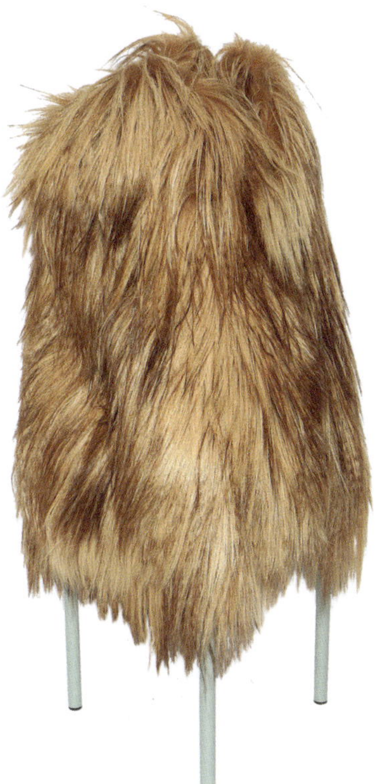

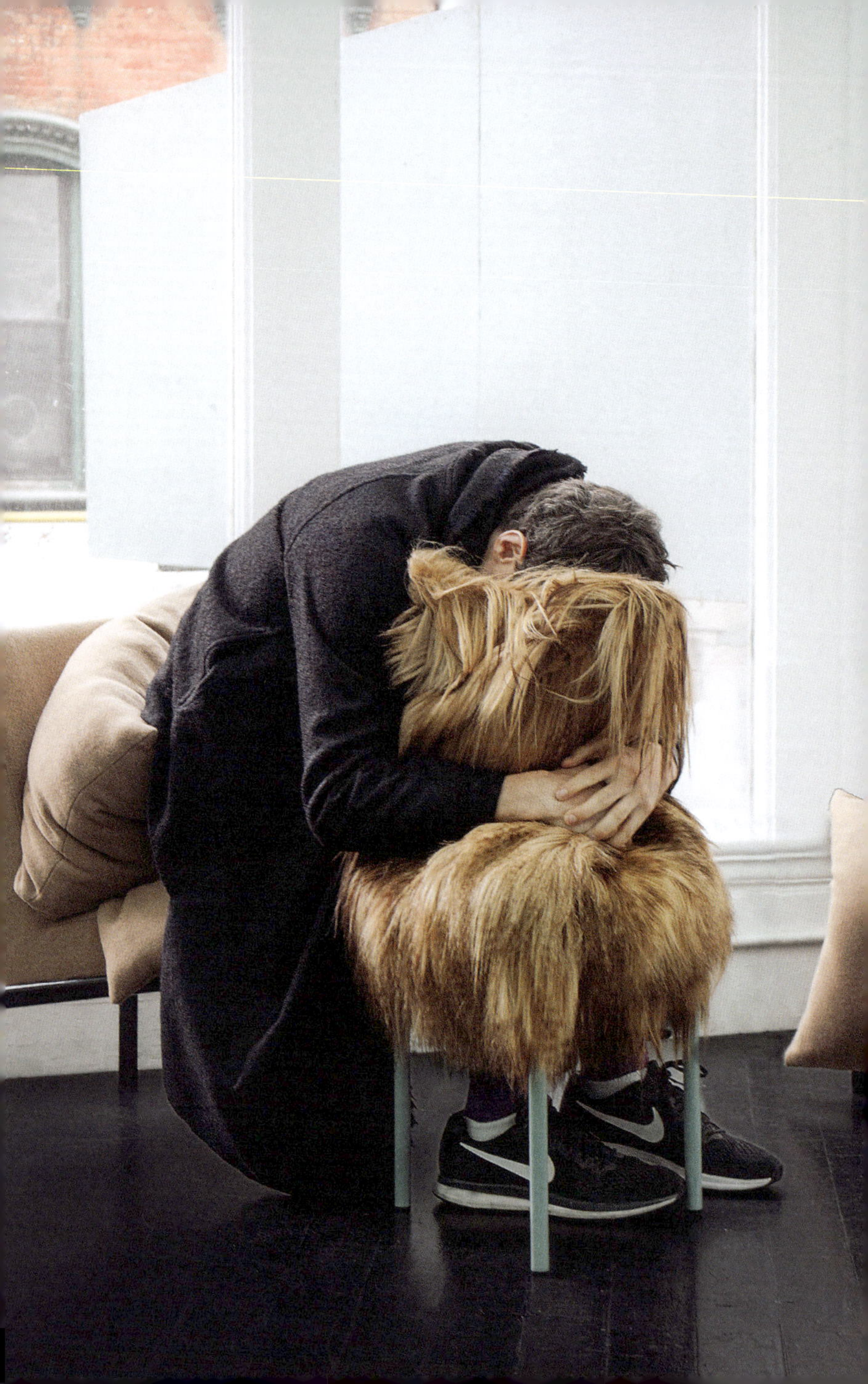

N°60 Chairwear B

Persian Lamb Terracotta; Cream Colour Fox; Blond Goat, 2017

Wie der Titel schon nahelegt, handelt es sich bei *Chairwear* um eine Gruppe *bekleideter* Stühle. Die weichen Tierfelle ummanteln das *Metallskelett* und bieten den Sitzenden zugleich eine wärmende Hülle. Durch die Variationen wird den einzelnen Stühlen geradezu eine individuelle Seele eingehaucht. Auf vier Beinen im Raum stehend, wirken die Felle fast noch belebt. Sie verweisen damit auch auf den beinahe alltäglichen, jedoch unter Designer*-innen kontrovers diskutierten, exzessiven Einsatz von Pelzen im Modebereich und die teils prekären Verhältnisse bei der Züchtung.

As the title suggests, *Chairwear* is a group of *dressed* chairs. Users are wrapped in the soft, warm animal skins draped over metal *skeletons*. Thanks to the many variations, each of the chairs has its own unique soul. Standing on four legs, the skins seem almost alive. They remind us of the routine, excessive use of fur in the fashion industry (a subject of fierce controversy among designers) and the sometimes appalling conditions in which the animals providing fur are bred.

Metall, Holz, Fell
Metal, wood, fur
je / each 40 × 60 × 40 cm

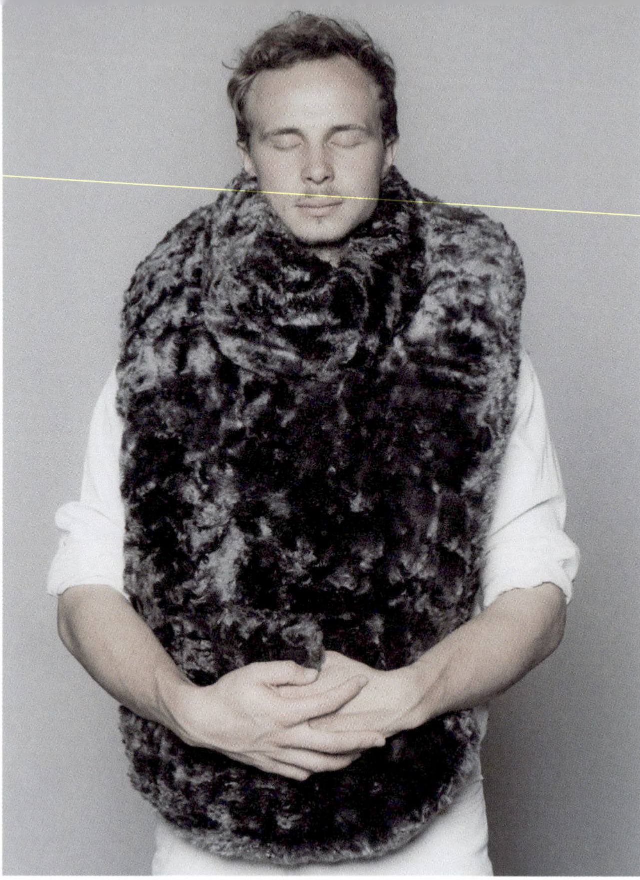

Dietrich Luft

Purrrr

2015

Das Objekt *Purrrr* kann ein Haustier und dessen positive Auswirkungen auf die Besitzer*innen kompensieren. Die elektrisch betriebene Weste aus Kunstfell schnurrt und vibriert in den Frequenzen einer Katze und stellt ein künstliches Ersatzprodukt für zu Hause dar. Allergien, Pflege und das Füttern der Katze entfallen völlig, das sich wohltuend auf Körper und Psyche des Menschen auswirkende Schnurren bleibt. Es ist wissenschaftlich erwiesen, dass durch dieses der Blutdruck sinkt, die Muskeln entspannen und Endorphine ausgeschüttet werden. Die Fellweste wirft jedoch auch Fragen danach auf, ob soziale Gefährten zukünftig zunehmend durch zum Beispiel Roboter ersetzt werden könnten, und was wir daran schätzen oder vermissen werden.

The object *Purrrr* can make up for a pet and its positive effects on the owner. The electric vest made of fake fur purrs and vibrates at the frequencies of a cat and as such is an artificial replacement for a pet. Allergies, care and feeding are no issue whatsoever, but users can still enjoy the purring, which has a beneficial effect on the human body and psyche. Purring has been scientifically proven to lower blood pressure, relax muscles and cause endorphins to be released. At the same time the fur vest poses questions as to whether social companions could in future increasingly be replaced by robots, for instance, and the positives and negatives of this.

Kunstfell, Mikrocontroller-System, Sound / Fake fur, microcontroller system, sound
90 × 45 × 8 cm
Programmierer / Programmer: Sebastian Löser

Christien Meindertsma

Luxury of the North 1

Wild bone china, 2010–2011

Das Teeservice lässt nicht nur in seiner Formgebung an Knochen denken, sondern wurde auch tatsächlich aus 60% Knochenasche gefertigt. Liegengebliebene tierliche Gerippe aus einem niederländischen Naturreservat wurden dafür verarbeitet. Der Designerin ist es ein Anliegen, ein Bewusstsein dafür zu kreieren, natürliche Produkte zu verwerten, ohne dem Ökosystem zu schaden. Das Geschirr baut außerdem eine ganz besonders intime Verbindung zum Tier auf, indem es die Benutzer*innen dazu veranlasst, das Objekt aus Tierknochen zu berühren, wenn sie aus der Tasse trinken und von dem Teller speisen.

This tea service is evocative of bones – not just because of its shape, but because it was made from 60% bone ash using animal skeletons found at a Dutch nature reserve. The designer's aim is to create awareness of how natural products can be used without damaging the ecosystem. In addition, the crockery also forges a close bond with the animal by causing users to touch items made out of animal bones when they drink from the cup and eat from the plate.

Porzellan (60% Knochenasche) / China (60% bone ash)
Verschiedene Maße / Various dimensions
Collection Centraal Museum, Utrecht

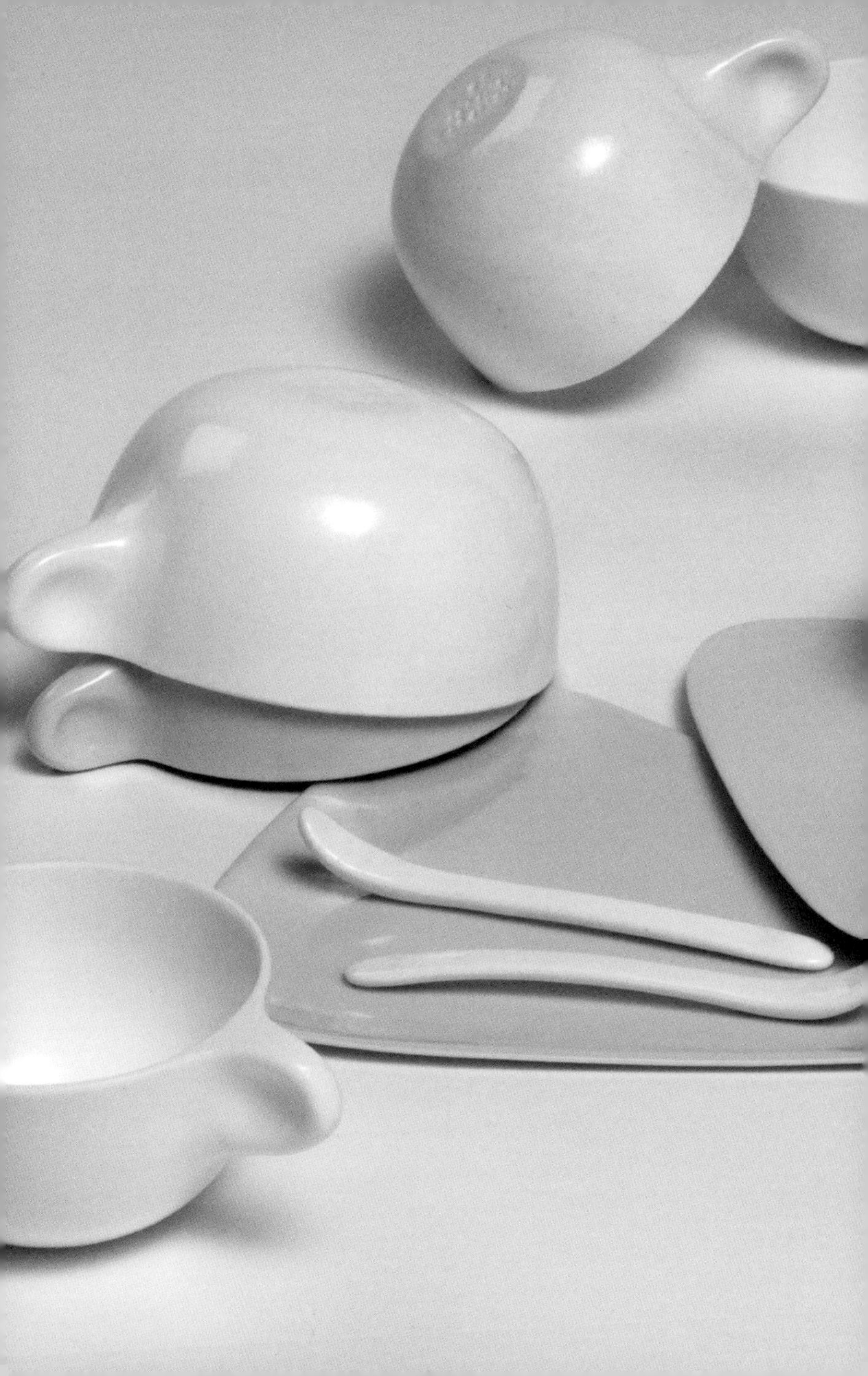

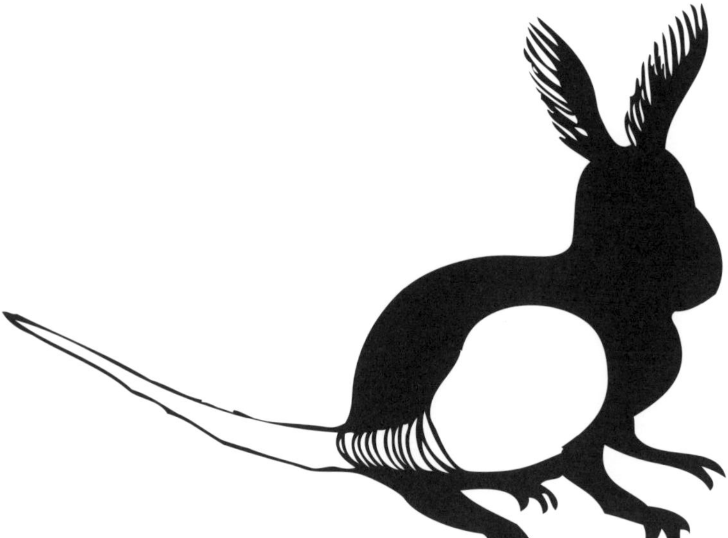

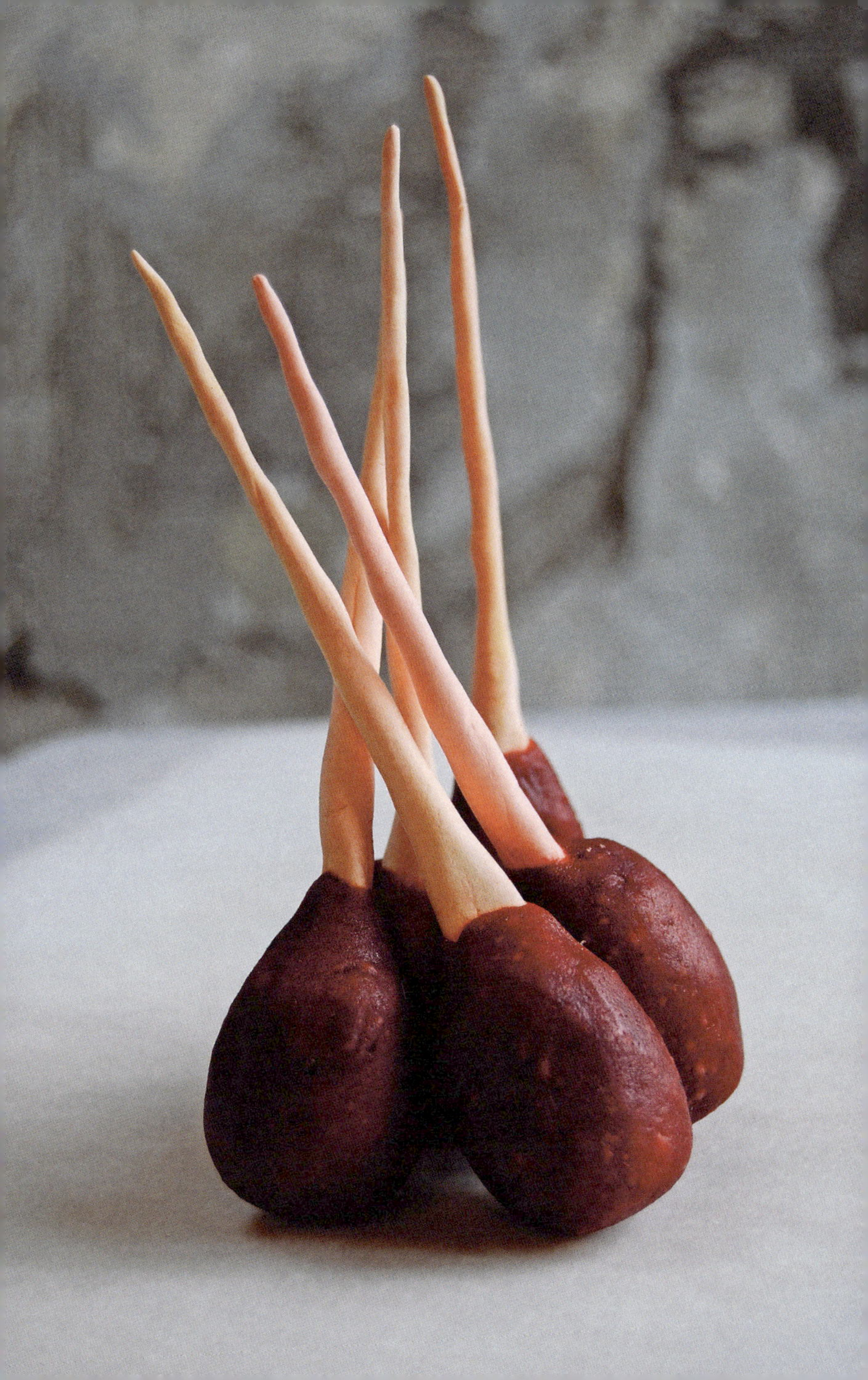

Marije Vogelzang

Faked Meat

2008

Habitat, Lebensweise und Ernährung eines Tieres entscheiden über die Qualität und den spezifischen Geschmack des Fleisches. Die Aufzucht ist eine Wissenschaft, gleichzeitig entstehen in diesem Kontext zahlreiche Geschichten und Mythen, die unsere Ernährung beeinflussen. Essen ist ein Event geworden und das Phänomen *Foodporn* taucht millionenfach im Internet auf. Marije Vogelzang entwirft mit ihrem *Faked Meat* Fantasietiere, deren Lebensbedingungen optimale Voraussetzungen für ihren Verzehr schaffen, formal, qualitativ und geschmacklich. Allein mit dem Unterschied, dass es sich um Soja-Produkte handelt, die von Natur aus keine bestimmte Form haben und somit ganz nach den Vorlieben der Menschen kreiert werden können.

Ponti beispielsweise lebt in leeren Vulkankratern und ernährt sich von deren Asche, was eine leicht geräucherte Note beim Verspeisen hervorruft. Sein fester Schwanzknochen, der ihm zum Graben von Tunneln dient, macht ihn zum perfekten Fingerfood.

An animal's habitat, lifestyle and diet are decisive factors determining the quality and specific taste of its meat. Breeding is a science, but at the same time numerous stories and myths arise in this context that influence our diet. Eating has become an event and the phenomenon of *food porn* crops up millions on times on the internet. With her *Faked Meat*, Marije Vogelzang designs imaginary animals whose living conditions give rise to optimum conditions for their consumption, in terms of form, quality and taste. Only with the difference that these are soy products that naturally have no specific shape and as such can be created entirely as people wish.

Ponti, for instance, lives in empty volcanic craters and feeds on their ash, which lends its meat a slightly smoky flavor. Its strong tailbone, with which the animal digs tunnels, makes it the perfect finger food.

8 Marzipanmodelle, Supermarkt-Verpackungen, Poster
8 marzipan models, supermarket packaging, poster
Verschiedene Maße / Various dimensions

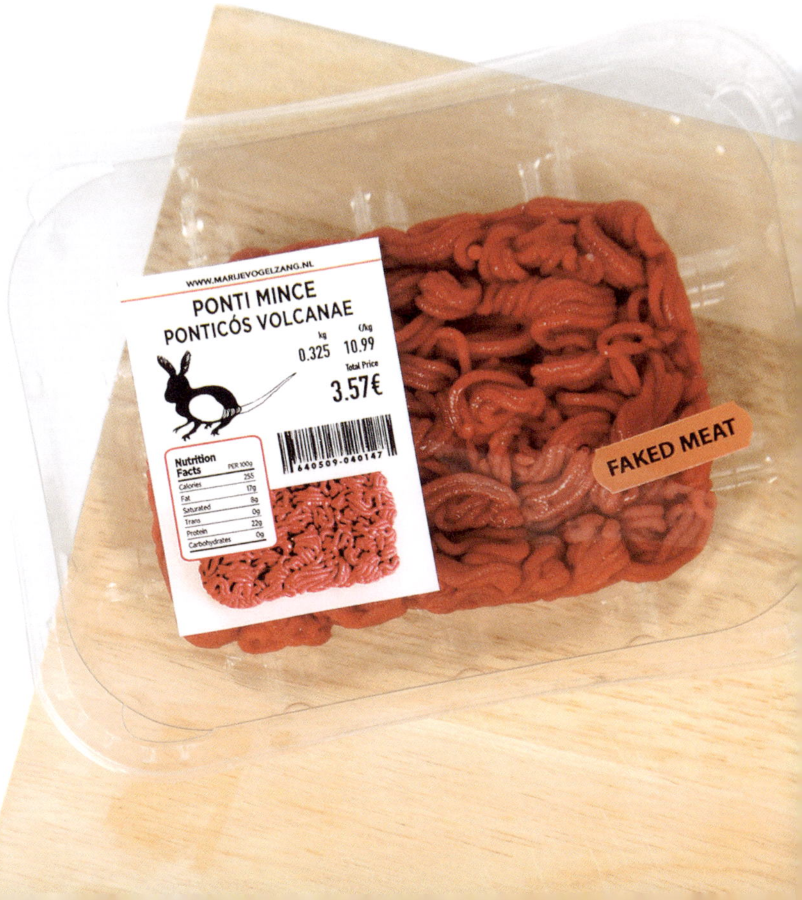

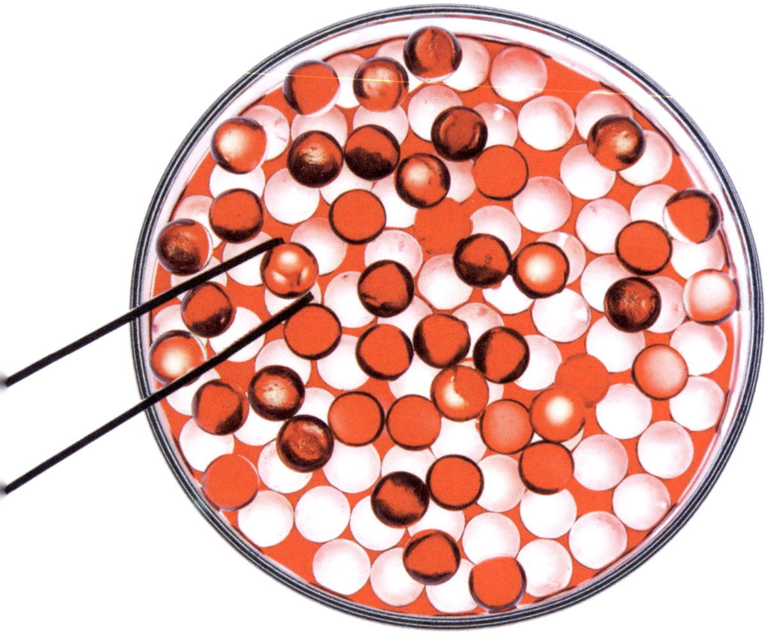

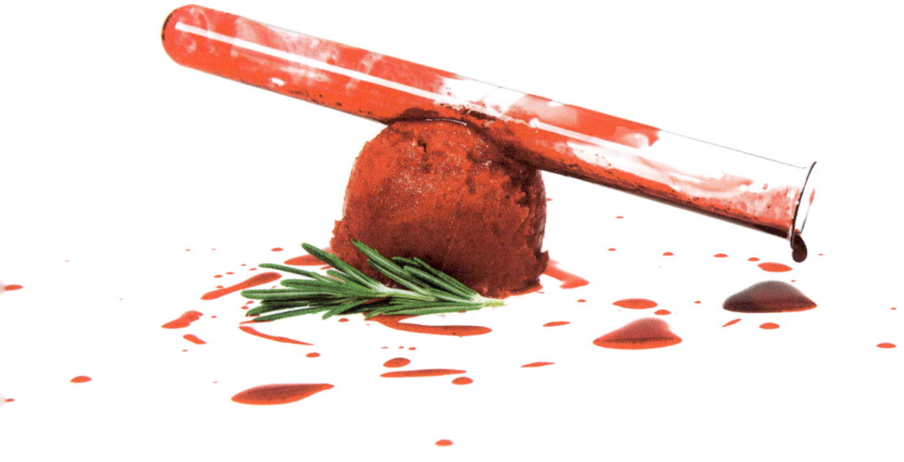

Bistro In Vitro
Meat the Future project

2014

Die von Next Nature Network in der Ausstellung präsentierten fünf Gerichte beschäftigen sich mit der Thematik des In-vitro-Fleisches. In einem Kochbuch sammeln sie unterschiedliche, jeweils nach dem Grad ihrer Umsetzung bewertete Rezepte, die zentrale Lösungsansätze für den problematischen Fleischkonsum des Menschen liefern. Auf der Website des *Bistro In Vitro* kann außerdem im ersten Restaurant für laborgezüchtetes Fleisch ein Menü zusammengestellt und ein Tisch für das Jahr 2028 reserviert werden.

The five dishes presented by Next Nature Network in the exhibition deal with in vitro meat. In a cookbook offering central solutions to humans' problematic consumption of meat, they collect recipes rated according to their technological feasibility. On the *Bistro In Vitro* website, visitors can compile their own menu and reserve a table for 2028 in the first restaurant for laboratory-cultured meat.

Objekte, Kochbuch / Objects, cookbook
und / and Website (koproduziert von / co-produced by Submarine Channel)

★☆☆☆☆

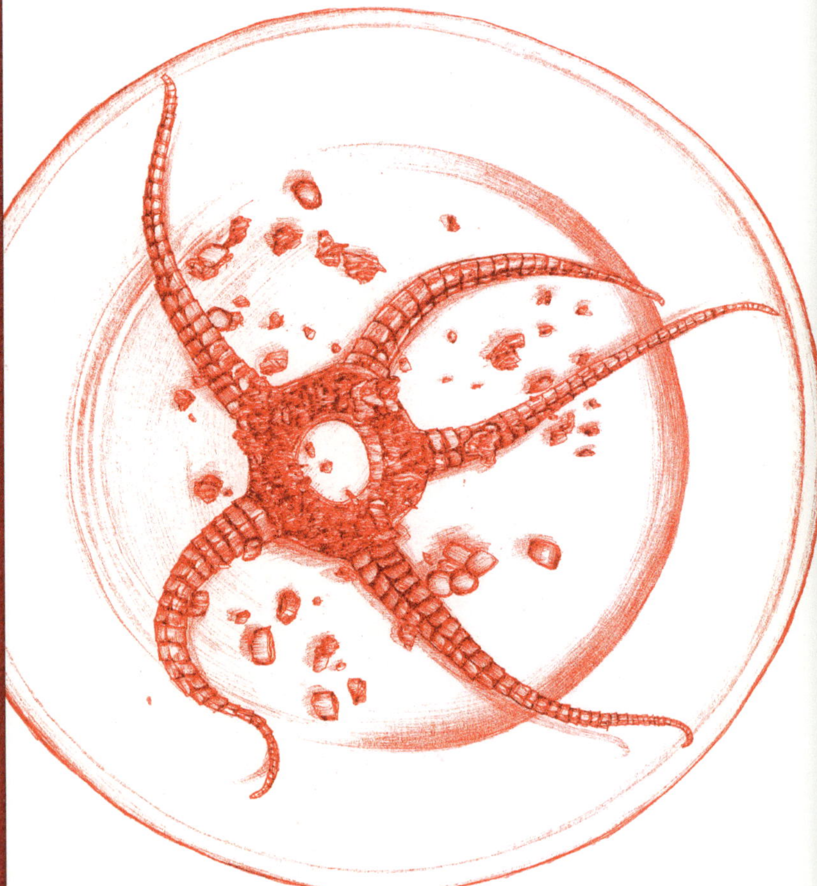

THE THROAT TICKLER

Wet, slippery, and wriggling, this curious 'creature' lives on the border between a sea anemone and a sex toy. The Throat Tickler beckons from your plate with come-hither motions, and slides its tentacles around your lips as you slurp it down.

Because Throat Ticklers have no organs or nervous systems, they're not truly alive. Rather, their enticing movement is caused by sodium altering the voltage differentials across cell membranes, triggering the muscle tissue to contract. A pinch of salt will incite a sensual wave of the Throat Tickler's tentacles, as will any salty sauce. Never before has a tickle in your throat been such a hedonistic experience.

DANCING ANEMONE RICE BOWL

- 1 throat tickler
- 1 tablespoon grated wasabi
- 2 tablespoons salmon roe
- Seasoned sushi rice or cooked rice noodles
- 1 teaspoon chopped mitsuba (wild Japanese parsley)
- Soy sauce

① Add a scoop of rice to a bowl. Top the rice with the wasabi and fish roe, and sprinkle with the mitsuba.

② Add the throat tickler to the rice bowl. Pour the soy sauce over the tickler. Consume while the tickler is still moving. Note: serve the tickler immediately after removing it from its bioreactor. Muscle cells will die if left out too long, and the throat tickler will not react to the soy sauce.

Insects au Gratin

Bee Waggle Dance Objects; Insect Eggs Objects; Caterpillar and Insect Wings, 2011 – fortlaufend / ongoing

Wie kann die zukünftige Ernährung der ansteigenden Weltbevölkerung gewährleistet werden? Dieser Frage widmet sich Susana Soares mit ihren sandfarbenen Objekten. Das eiweißreiche Fleisch der Insekten wird derzeit in der Wissenschaft als realistisches Mittel gegen die Ressourcenknappheit in der Nahrungsmittelproduktion diskutiert. Jedoch wird es in unseren Breiten von vielen Menschen als eklig empfunden Insekten zu essen. Mit 3D-Drucktechnik hat Soares eine Mischung aus gemahlenen Insekten und einer bindenden Masse in visuell ansprechende, geometrisch-organische Strukturen transformiert, die die tierlichen Zutaten vergessen lassen.

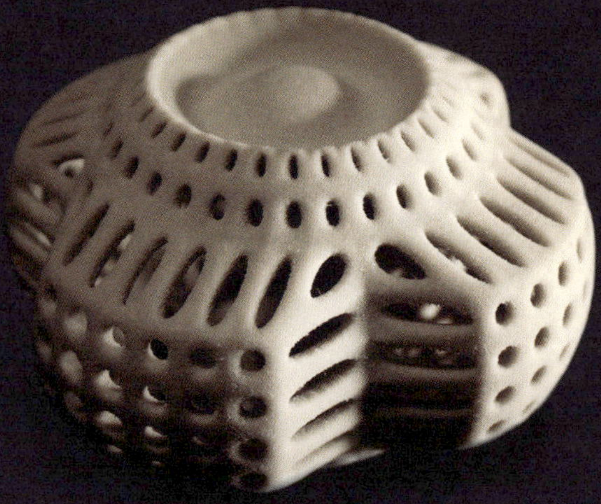

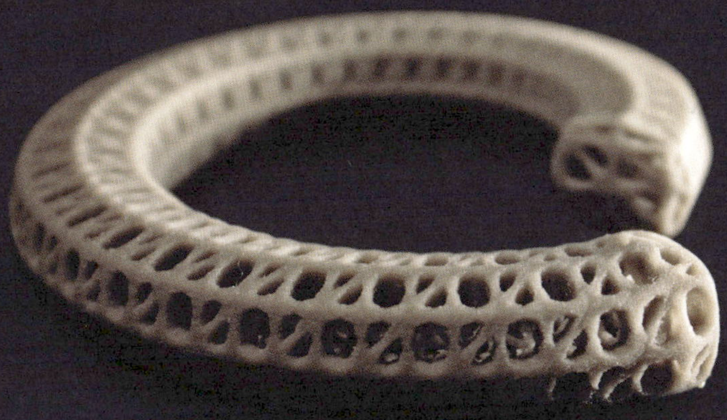

How will the world's growing population be fed? This problem is addressed by Susana Soares using her sand-coloured objects. Scientists have proposed using protein-rich insect meat as a realistic way of dealing with the lack of food resources. The snag is that in the West, many people find the prospect of eating insects revolting. Using 3D printing equipment, Soares has transformed a mixture of ground insects and binder into attractive, geometrically organic shapes which enable us to forget their insect origins.

3D-Druck / 3D print
Verschiedene Maße / Various dimensions

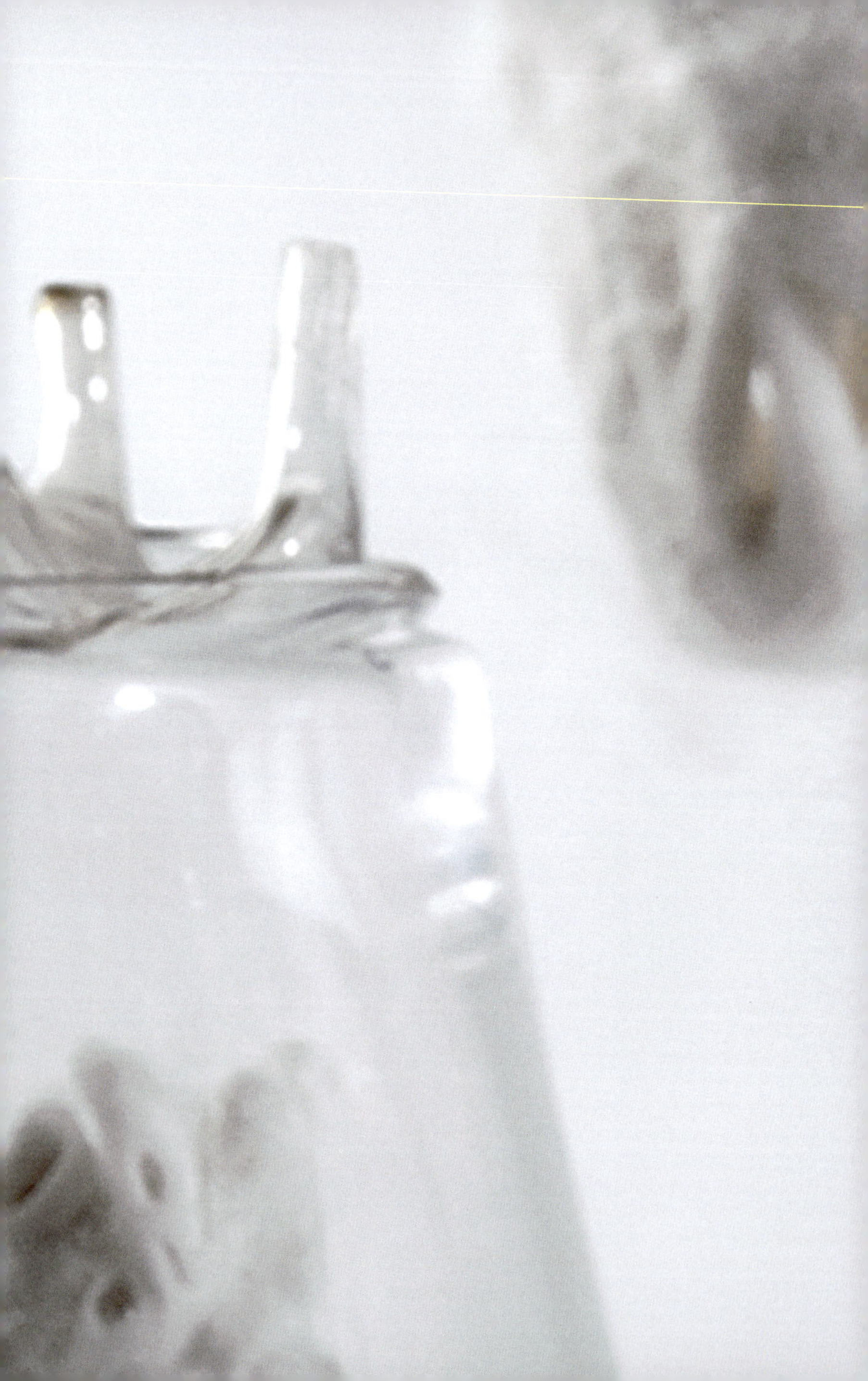

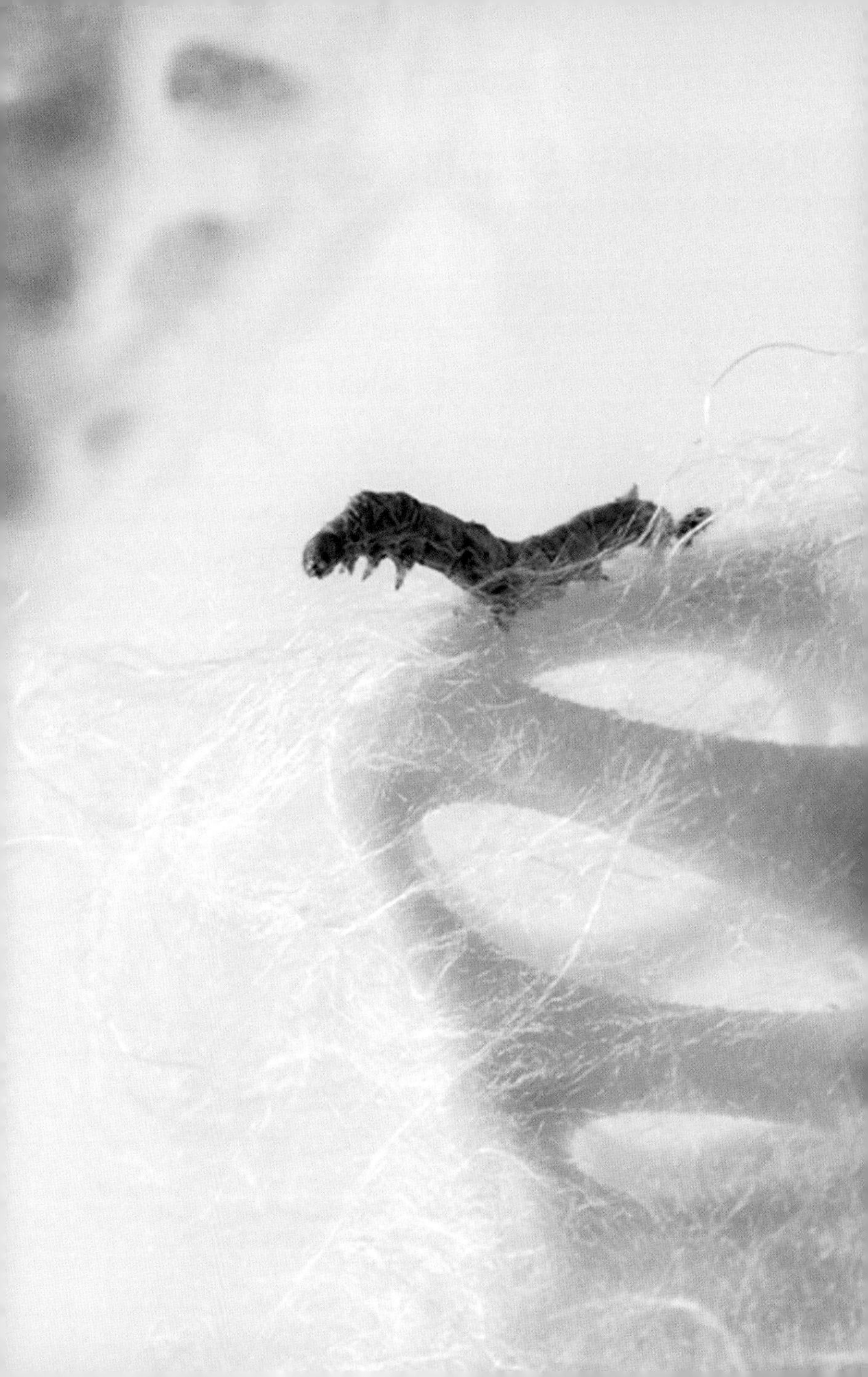

Veronica Ranner

Biophilia – Organ Crafting

2011 – fortlaufend / ongoing

Die Seidenraupe Bombyx mori wird seit 5.000 Jahren domestiziert. Seit 2008 ist ihr genetischer Code komplett entschlüsselt. Veronica Ranner spielt das Szenario durch, was wäre, wenn die Raupen anstelle ihrer Kokons durch eine genetische Veränderung bald auch andere Biomaterialien wie Gerüste für Organe, Gewebe oder Biosensoren weben würden. Im Kontext der bereits weit vorangeschrittenen Forschung zu maschinell und mit 3D-Druckern hergestellten, künstlichen Organen für Transplantationen wirft die Designerin Fragen danach auf, wie wir damit umgehen, Empfänger zunehmend technologisch erzeugter Implantate zu werden.
Wenn Seidenraupen an der Produktion beteiligt sind und die Entstehung der Organe von den Menschen mitverfolgt werden kann, wie würde sich dies auf unsere Wahrnehmung der unbelebten, technischen Welt und auf unser Verhältnis zu den Tieren auswirken?

The silkworm Bombyx mori has been domesticated for 5,000 years. In 2008, its genetic code was completely deciphered. Veronica Ranner explores what would happen if, instead of their cocoons, the silkworms were genetically modified to spin other biomaterials such as scaffolds for organs, tissues or biosensors. With research into artificial organs for transplants made using machines and 3D printers already well advanced, the designer questions how we will deal with becoming recipients of implants increasingly produced with the aid of technology. If silkworms were

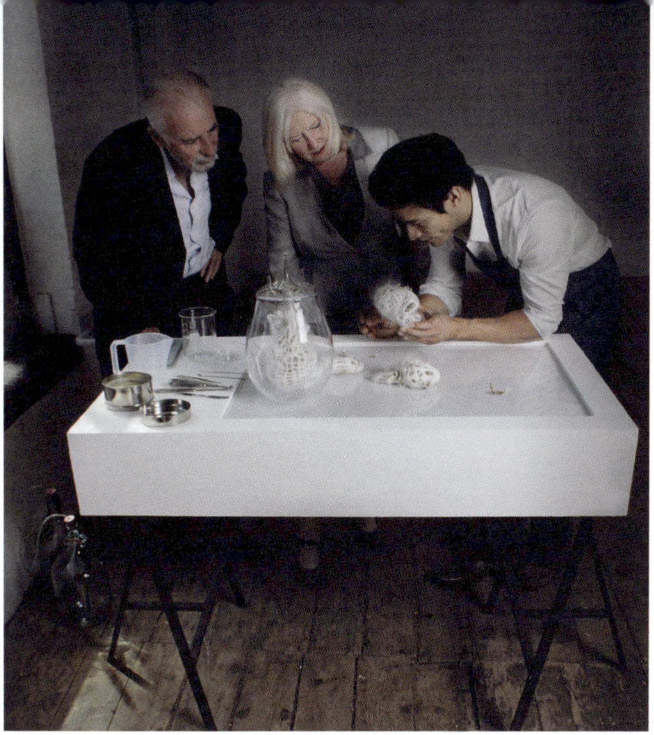

involved in the creation of organs and the process could be followed by humans, how would our perception of the inanimate, technical world and our relationship with animals be affected as a result?

Mixed Media, 3D-Druck AE12 3d BinderJetting, entbastete Seide, mundgeblasenes Glas
Mixed Media, 3D print AE12 3d BinderJetting, scoured silk, hand blown glass
Verschiedene Maße / Various dimensions

Digitaler C-Print auf Aluminium / Digital C-print on aluminum
je / each 21,5 × 17,5 cm

Kapitel 3

Chapter 3

Optimierung +

Optimization +

Zukunftsvisionen

Visions of the Future

Menschen zeichnen sich dadurch aus, dass sie ihre Umwelt gestalten. So manipulieren sie durch Domestizierung und Züchtung seit Jahrtausenden auch die natürlichen Anlagen von Tieren. Obgleich diese Eingriffe bereits erhebliche Auswirkungen auf die Tierwelt haben, brachte die Genforschung nochmals eine starke Beschleunigung dieser Veränderungsprozesse mit sich. Wenn heute vom sogenannten *Anthropozän* (Paul Crutzen / Eugene Stoermer, 2000) die Rede ist, als einem Zeitalter, das wesentlich von den Menschen geprägt ist, dann ist damit oftmals auch der Anspruch verbunden, diese komplexen Auswirkungen menschlichen Handelns genauer in den Blick zu nehmen. Denn gerade die Genetik könnte – ähnlich wie einst die Landwirtschaft, die Industrialisierung oder auch der Computer – gravierende gesellschaftliche Konsequenzen mit sich bringen.

Im öffentlichen Bewusstsein markierte das Schaf Dolly einen entscheidenden Wandel in der Forschung. Forscher injizierten Zellkerne aus dem Euter eines Schafes in die Eizellen eines anderen Tieres, das ein genetisch identisches Lamm zur Welt brachte. Während in der klassischen Züchtung lediglich artverwandte Lebewesen miteinander gekreuzt werden, können mit heutigen Methoden mittlerweile auch genetische Informationen von nicht verwandten Arten miteinander verbunden werden, um vollständig neue Lebensformen zu schaffen. Aufsehenerregende Veröffentlichungen von Wissenschaftsjournalisten, die von leuchtenden Zierfischen oder federlosen Hühnern berichten, mögen teilweise wie Science-Fiction klingen. Neben der Faszination für diese neuartigen Kreaturen, die – wie Sphinx und Zentaur – die Fantasie beflügeln, entsteht aber auch eine Angst vor dem *Unnatürlichen* oder gar *Monströsen*. Denn wenn die Schauspielerin Barbra Streisand beispielsweise ihren verstorbenen Hund klonen lässt, wird deutlich, dass die Ergebnisse der Forschung sich keineswegs nur auf das Labor beschränken.

Auch wenn die Neucodierung der Gene positive Effekte für die Umwelt verspricht, muss doch die Frage gestellt werden, ob diese *schöne neue Welt* tatsächlich eine erstrebenswerte Zukunft darstellt.

Wiegen Aspekte wie Effizienzsteigerung in Medizin und Landwirtschaft die negativen Begleiterscheinungen auf, wie beispielsweise die Tatsache, dass Tiere dafür leiden und sterben müssen? Ist es nicht Ausdruck menschlicher Hybris und Allmachtfantasien, wenn Tiere zu reinen Artefakten werden, die von Menschen nach eigenem Gutdünken gestaltet werden können? Und zu guter Letzt: Welche Auswirkungen hat diese zweite Genesis auf den Menschen selbst?

Gerade in einer Zeit ökonomischer und ökologischer Krisen ist es unverzichtbar, die Gegenwart kritisch in den Blick zu nehmen. Auf der Suche nach Antworten können Designer*innen und Künstler*innen in einer fruchtbaren Interaktion mit Wissenschaft und Gesellschaft eine zentrale Rolle einnehmen, indem sie informieren und dazu aufrufen, über die Konsequenzen des Handelns sowie eine alternative Zukunft nachzudenken.

One particular characteristic of humans is that they shape their environment. Thus for millennia humans have manipulated the natural dispositions of animals by means of domestication and breeding. Even though these interventions are already having a significant impact on the animal kingdom, genetic research led to yet another strong acceleration of these processes of change. If we talk of the so-called *Anthropocene* (Paul Crutzen / Eugene Stoermer, 2000) today, an age significantly shaped by humans, it is often in connection with the aspiration to focus more strongly on these complex effects of human actions. Indeed precisely genetics, like agriculture, industrialization and the computer before it, could have severe social consequences.

In the public mind, Dolly the Sheep marked a decisive change in research. Researchers injected cell nuclei from the udder of a sheep into the egg cells of another animal, which bore a genetically identical lamb. Whereas in classical breeding only related species are crossed, today's methods enable genetic information from non-related species to be combined to create entirely new lifeforms.

Sensational reports by science correspondents on glowing ornamental fish or featherless chickens may in part sound like science fiction. Yet alongside the fascination for these novel creatures, which – like sphinx and centaur – capture the imagination, fear also arises, a fear of the *unnatural* or even *monstrous*. For when, for instance, the actress Barbra Streisand has her deceased dog cloned it becomes clear that the research findings are by no means limited to the lab.

Even if genetic recoding promises positive environmental effects, we must ask whether this *brave new world* is actually worth aspiring to. Do aspects such as increased efficiency in medicine and agriculture offset the negative side effects, for example the fact that animals must suffer and die for it? Is it not an expression of human hubris and fantasies of omnipotence when animals become pure artefacts that humans can design as they see fit? And finally, what effects does this second genesis have on humans themselves?

Precisely in times of economic and ecological crises it is essential to take a critical view of the present day. In the search for answers to these questions, designers and artists can assume a key role in fruitful interaction with scientists and society by providing information and calling on people to think about the consequences of the actions and about an alternative future.

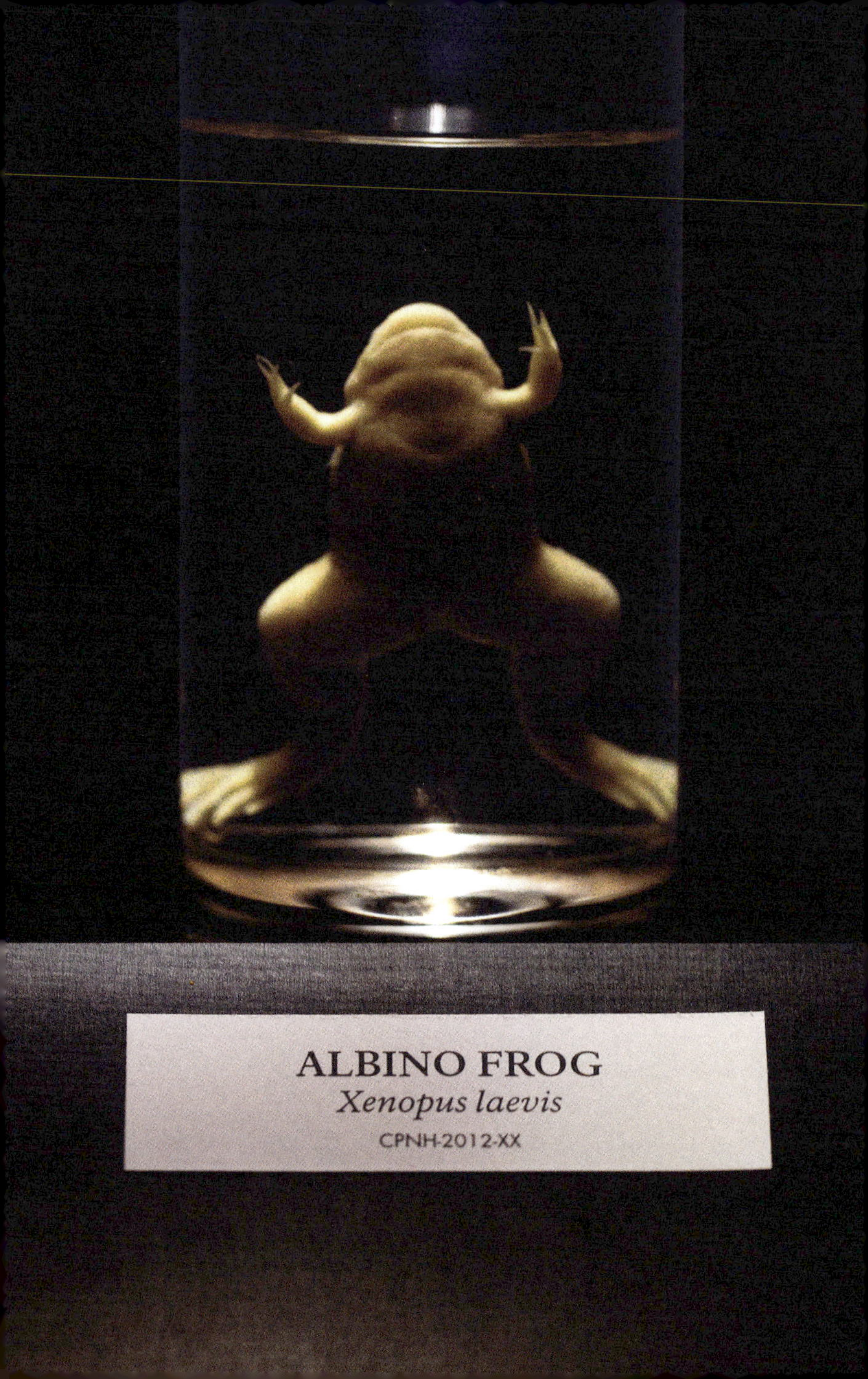
ALBINO FROG
Xenopus laevis
CPNH-2012-XX

Center for PostNatural History (Richard Pell)

Krallenfrosch / African Clawed Frog

2012

Der Albino des afrikanischen Krallenfroschs (Xenopus laevis) gehört zu einer kleinen Gruppe von *Modellorganismen*, die von Biologen zu Forschungszwecken eingesetzt werden. In den frühen 1930er Jahren injizierte der britische Zoologe Lancelot Hogben einem weiblichen Krallenfrosch den Urin einer Frau. Wenn der Frosch daraufhin innerhalb von ungefähr zwölf Stunden Eier produzierte, war dies ein zuverlässiger Hinweis auf eine Schwangerschaft der Frau. Im Jahr 1937 wurden daraufhin 18 Frösche von der Amerikanischen Liga für Geburtenkontrolle (heute: Planned Parenthood) in die USA eingeführt, wo sie nicht nur die Legalisierung der Geburtenkontrolle beflügelten, sondern auch eine entscheidende Rolle bei der Entwicklung der Antibabypille spielten.

The albino African Clawed Frog (Xenopus laevis) is one of a small group of *model organisms* used by biologists for research purposes. In the early 1930s, British zoologist Lancelot Hogben injected urine from a human female into a female frog and found that if the frog produced eggs within twelve hours or so, this was a reliable indication that the woman was pregnant. In 1937, 18 frogs were transported to the US by the director of the American Birth Control League (now Planned Parenthood), catalysing the legalization of birth control and playing a crucial role in the development of the pill.

Frosch in Alkohol / Frog in alcohol
Ø 7 cm, Höhe / Height 20 cm

Center for PostNatural History (Richard Pell)

Alkoholsüchtige Ratte / Alcoholic Rat

2012

Die weiße Laborratte (Rattus norvegicus) ist vielleicht der bekannteste Organismus, der in Tierversuchen zum Einsatz kommt. Durch selektive Züchtung oder Gentechnik wird das Tier so verändert, dass es typisch menschliche Krankheiten bekommt und sogar Verhaltensweisen von Menschen annimmt. Diese spezielle Ratte wurde von Finnlands Nationalem Gesundheitsinstitut gezüchtet, um Alkoholismus zu behandeln. Über viele Generationen hinweg wurden nur die Tiere für die weitere Fortpflanzung ausgewählt, die Alkohol gegenüber Wasser bevorzugten. In der sogenannten Sinclair-Methode sollte die Lustreaktion des Gehirns chemisch neu programmiert werden. Diese Behandlung wurde vor einigen Jahren eingestellt; die aktuelle Höhe der alkoholsüchtigen Rattenpopulation in Finnland ist unbekannt.

The white laboratory rat (Rattus norvegicus) may well be the best-known organism used in animal experiments. Laboratory rats are modified by selective breeding or genetic engineering to catch illnesses typically afflicting humans and even take on human behavioural traits. This particular rat was bred by Finland's National Public Health Institute to treat alcoholism. Over several generations, rats were only chosen for breeding which, when offered water or alcohol, chose the latter. Using the Sinclair Method for addiction, the aim was to chemically reprogram the pleasure response of the brain. This research project was cancelled a few years ago – and the current size of the alcoholic rat population in Finland is unknown.

Präparierte Laborratte / Taxidermy lab rat
20 × 2,5 × 11 cm

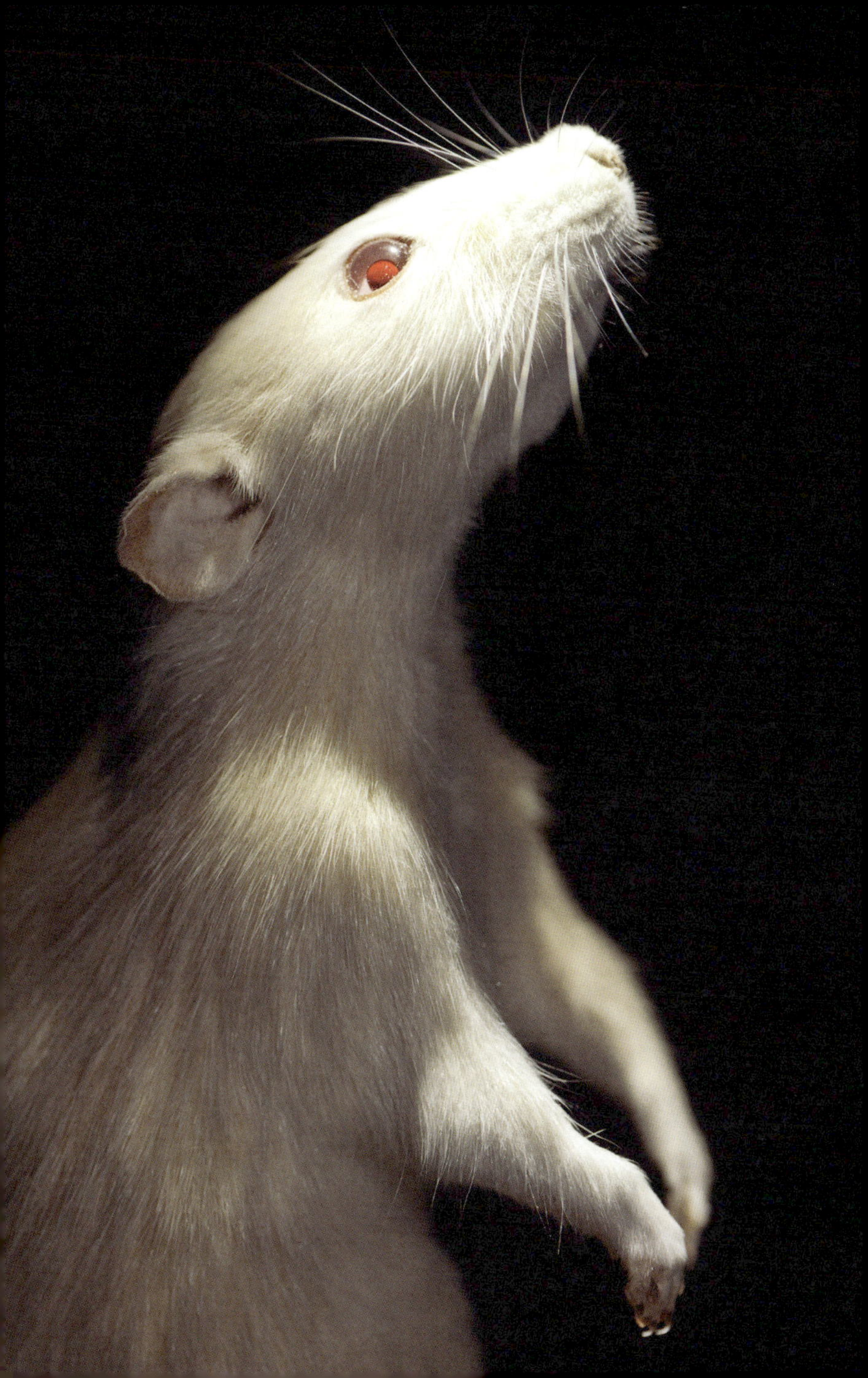

Pinar Yoldas

Fool's Fowl

Genetically engineered biological minimalism, 2013

Mit *Fool's Fowl*, dem Narren-Geflügel, schafft Pinar Yoldas gefiederte, genmanipulierte Organismen, die eine Verschmelzung von Natur und Nahrungsmittelindustrie verkörpern. Nach dem Vorbild eines herkömmlichen Huhns und entsprechend der Logik der Produktionswirtschaft entwickelt die Designerin und Neurowissenschaftlerin ein *Minimal-Huhn*. Reduziert auf die Produktion von Eiern und Fleisch werden alle *überflüssigen* Gliedmaßen und Organe, allen voran das Gehirn, weggezüchtet. Ethischen Konflikten der Massentierhaltung, wie sie bei Hühnern besonders oft auftreten, würde dadurch Abhilfe geschaffen, ohne dass auf die tierlichen Produkte verzichtet werden muss.

In *Fool's Fowl*, designer and neuroscientist Pinar Yoldas has created genetically engineered feathered organisms in which nature is merged with the needs of the food industry. Based on the example of a traditional chicken yet responding to the logic of production management, Yoldas has developed a *minimal chicken*. Reduced to the production of eggs and meat, all *superfluous* limbs and organs, especially the brain, have been bred out. This would resolve ethical conflicts of factory farming (which particularly apply to poultry) without our having to go without animal products.

Mixed Media
Maße variabel / Variable dimensions

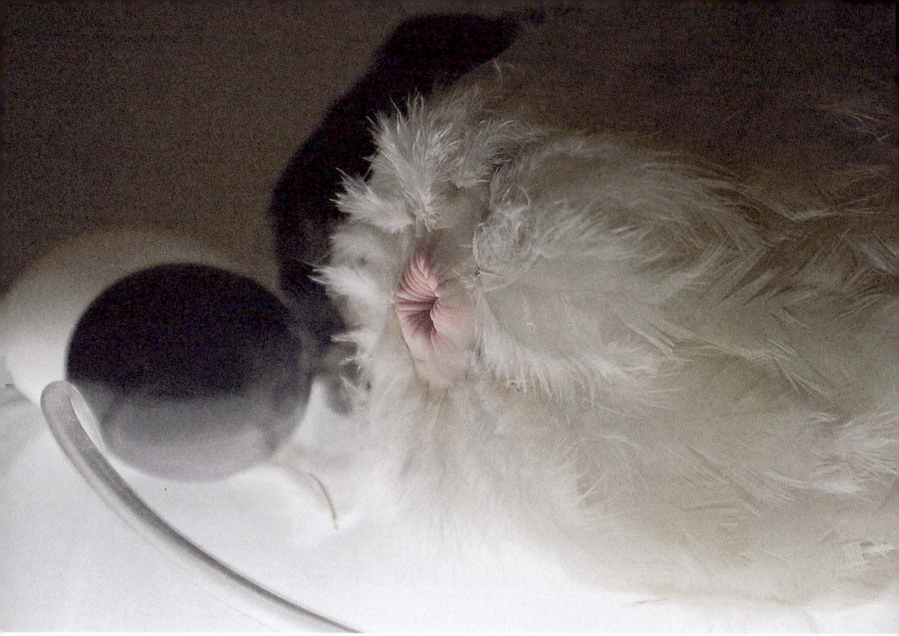

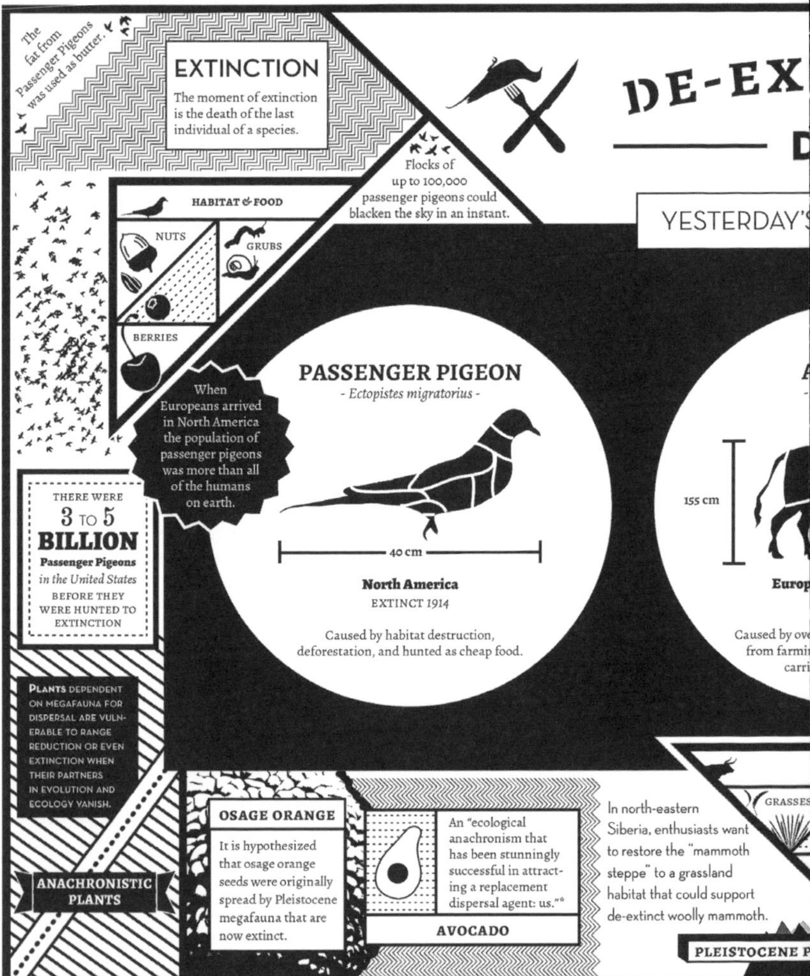
The fat from Passenger Pigeons was used as butter.
EXTINCTION
The moment of extinction is the death of the last individual of a species.
DE-EX
D
YESTERDAY'S
Flocks of up to 100,000 passenger pigeons could blacken the sky in an instant.
HABITAT & FOOD
NUTS
GRUBS
BERRIES
When Europeans arrived in North America the population of passenger pigeons was more than all of the humans on earth.
PASSENGER PIGEON
- Ectopistes migratorius -
40 cm
North America
EXTINCT 1914
Caused by habitat destruction, deforestation, and hunted as cheap food.
155 cm
Europ
Caused by ove
from farmi
carri
THERE WERE
3 TO 5
BILLION
Passenger Pigeons
in the United States
BEFORE THEY WERE HUNTED TO EXTINCTION
PLANTS DEPENDENT ON MEGAFAUNA FOR DISPERSAL ARE VULNERABLE TO RANGE REDUCTION OR EVEN EXTINCTION WHEN THEIR PARTNERS IN EVOLUTION AND ECOLOGY VANISH.
ANACHRONISTIC PLANTS
OSAGE ORANGE
It is hypothesized that osage orange seeds were originally spread by Pleistocene megafauna that are now extinct.
An "ecological anachronism that has been stunningly successful in attracting a replacement dispersal agent: us."*
AVOCADO
In north-eastern Siberia, enthusiasts want to restore the "mammoth steppe" to a grassland habitat that could support de-extinct woolly mammoth.
GRASSES
PLEISTOCENE P

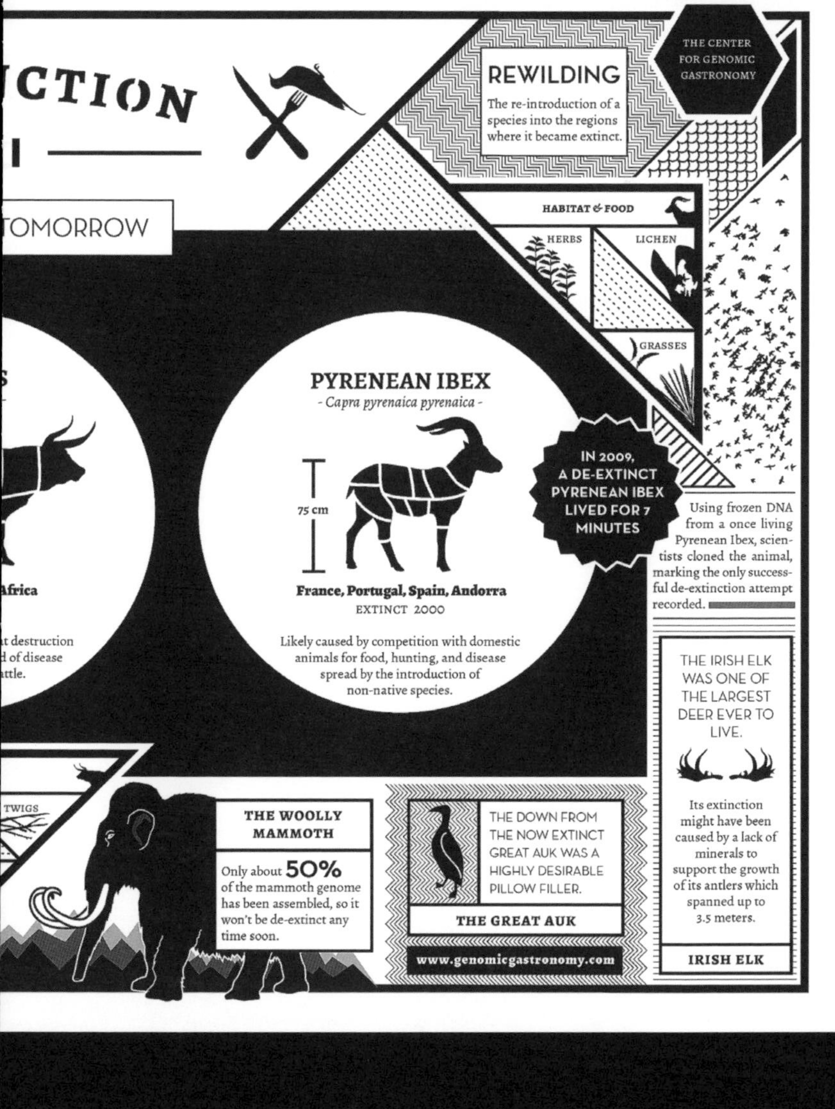
TOMORROW
THE CENTER FOR GENOMIC GASTRONOMY
REWILDING
The re-introduction of a species into the regions where it became extinct.
HABITAT & FOOD
HERBS
LICHEN
GRASSES
PYRENEAN IBEX
- Capra pyrenaica pyrenaica -
75 cm
France, Portugal, Spain, Andorra
EXTINCT 2000
Likely caused by competition with domestic animals for food, hunting, and disease spread by the introduction of non-native species.
IN 2009, A DE-EXTINCT PYRENEAN IBEX LIVED FOR 7 MINUTES
Using frozen DNA from a once living Pyrenean Ibex, scientists cloned the animal, marking the only successful de-extinction attempt recorded.
THE IRISH ELK WAS ONE OF THE LARGEST DEER EVER TO LIVE.
Its extinction might have been caused by a lack of minerals to support the growth of its antlers which spanned up to 3.5 meters.
IRISH ELK
TWIGS
THE WOOLLY MAMMOTH
Only about 50% of the mammoth genome has been assembled, so it won't be de-extinct any time soon.
THE DOWN FROM THE NOW EXTINCT GREAT AUK WAS A HIGHLY DESIRABLE PILLOW FILLER.
THE GREAT AUK
www.genomicgastronomy.com

The Center for Genomic Gastronomy

De-Extinction Deli

2013 – fortlaufend / ongoing

Das Center for Genomic Gastronomy ist ein von Künstler*innen geleitetes Ideenlabor rund um alternative Ernährung. Die weltweite Zusammenarbeit mit Wissenschaftler*innen, Hacker*innen, Köch*innen und Bauer*innen ist dabei zentraler Bestandteil. Mit dem *De-Extinction Deli* schaffen sie einen Ort, an dem man sich über Projekte rund um das Aussterben und Wiedererwecken / Wiederansiedeln von unterschiedlichen Spezies durch Klonen informieren kann. Gleichzeitig wird zur Partizipation animiert, indem per Postkartenabstimmung Nachrichten an führende Wissenschaftler geschickt werden, die in diesem Bereich tätig sind. Im Sinne eines Take-Aways werden wichtige Fragen rund um die Zukunft verschiedener Lebewesen und der Ernährung in den Alltag integriert.

The Center for Genomic Gastronomy is an artist-led think tank studying alternative food. One significant aspect is its global collaboration with scientists, hackers, cooks and farmers. The *De-Extinction Deli* is a place where visitors can find out about projects addressing the extinction of various species and their subsequent re-awakening / re-establishment by means of cloning. Participation is encouraged by inviting visitors to fill in postcards indicating their views which are then sent to prominent scientists working in this field. Like a takeaway, important questions about the future of various living things and our food are integrated into everyday life.

Mixed Media
Verschiedene Maße / Various dimensions

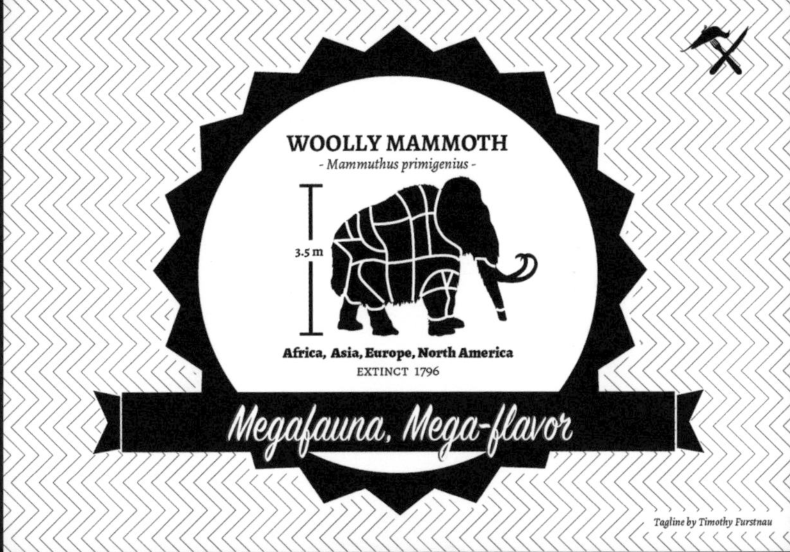
WOOLLY MAMMOTH
- Mammuthus primigenius -
3.5 m
Africa, Asia, Europe, North America
EXTINCT 1796
Megafauna, Mega-flavor
Tagline by Timothy Furstnau

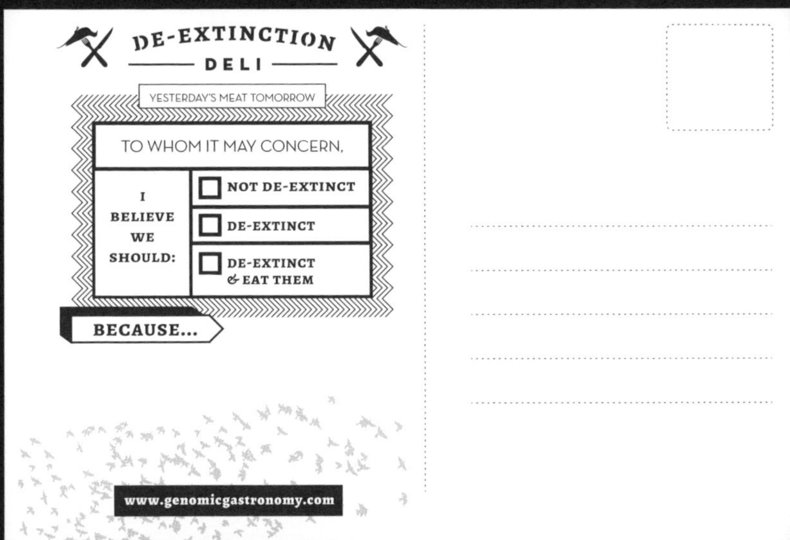
DE-EXTINCTION
DELI
YESTERDAY'S MEAT TOMORROW
TO WHOM IT MAY CONCERN,
I BELIEVE WE SHOULD:
NOT DE-EXTINCT
DE-EXTINCT
DE-EXTINCT & EAT THEM
BECAUSE...
www.genomicgastronomy.com

Mousetrap

Birdsong Mouse; Cyborg Mouse; Waltzing Mouse, 2012

Laborversuche mit Mäusen führen dazu, dass viele der Nager heute durch gentechnische Veränderungen starke Abnormitäten aufweisen. So läuft beispielsweise die *Waltzing Mouse*, die tanzende Maus, durch einen Defekt im Ohr und daraus resultierenden Gleichgewichtsproblemen ausschließlich im Kreis. Johanna Schmeer entwirft Mäusefallen für das Szenario, wenn diese veränderten Spezies in die freie Wildbahn gelangen.
Für einige Arten ist das bereits Realität. Die *Cyborg Mouse*, welcher ein Hirnimplantat zur Steuerung ihrer Bewegung eingepflanzt wurde, könnte durch einen starken Magneten gestoppt werden. Und eine als Lautsprecher designte Falle lockt mit Vogelstimmen die *Birdsong Mouse* an, die durch die Manipulation japanischer Forscher wie ein Vogel zwitschert.

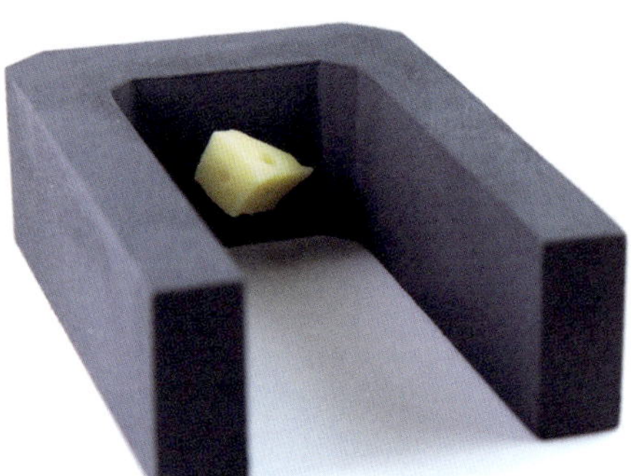

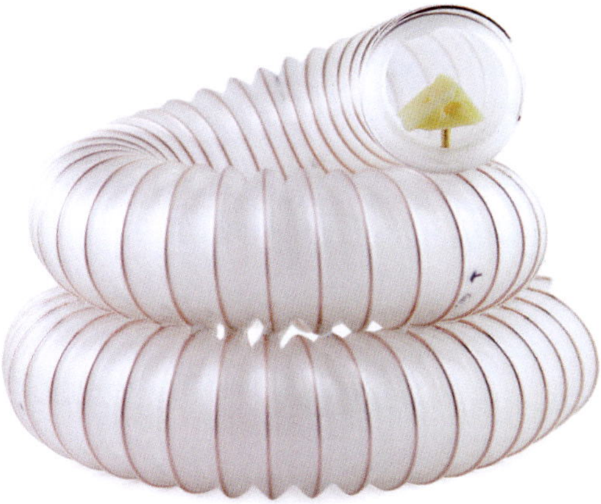

Lab experiments with mice mean that today many of the rodents display severe abnormalities owing to genetic modification. By way of example, owing to an ear defect and the resulting problems with balance the *Waltzing Mouse* can only walk in a circle. Johanna Schmeer designs mousetraps for use should this modified species return to the wild. For some species this is already a reality. The *Cyborg Mouse*, which has a brain implant that controls its movements, could be stopped by a strong magnet. And a trap designed as a speaker uses birdcalls to lure the *Birdsong Mouse*, which chirps like a bird having been modified by Japanese researchers.

Metallpigmentlack, Metall, Kunststoff / Metal pigment paint, metal, plastic
15 × 15 × 15 cm; 5 × 11 × 17 cm; 25 × 25 × 25 cm

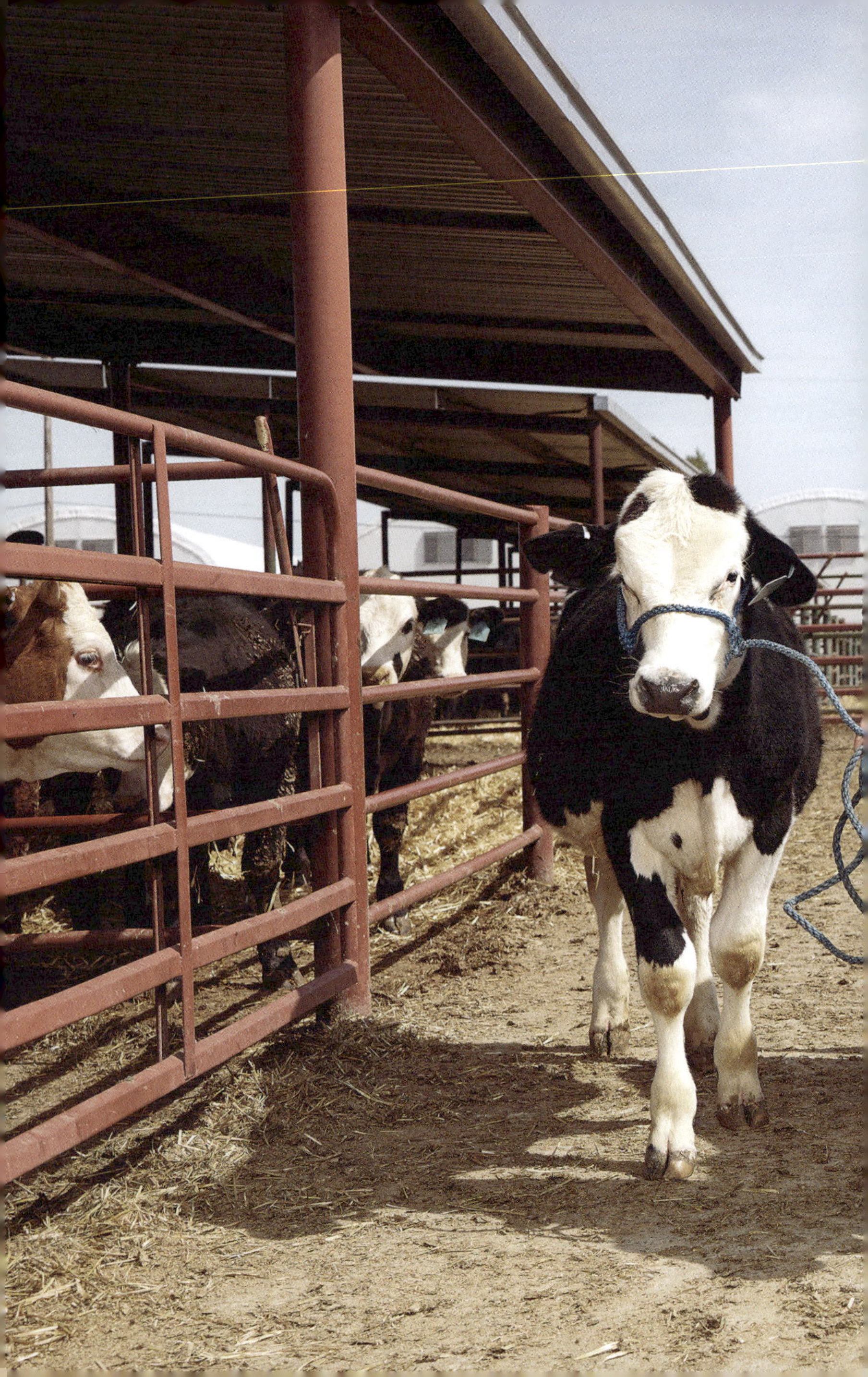

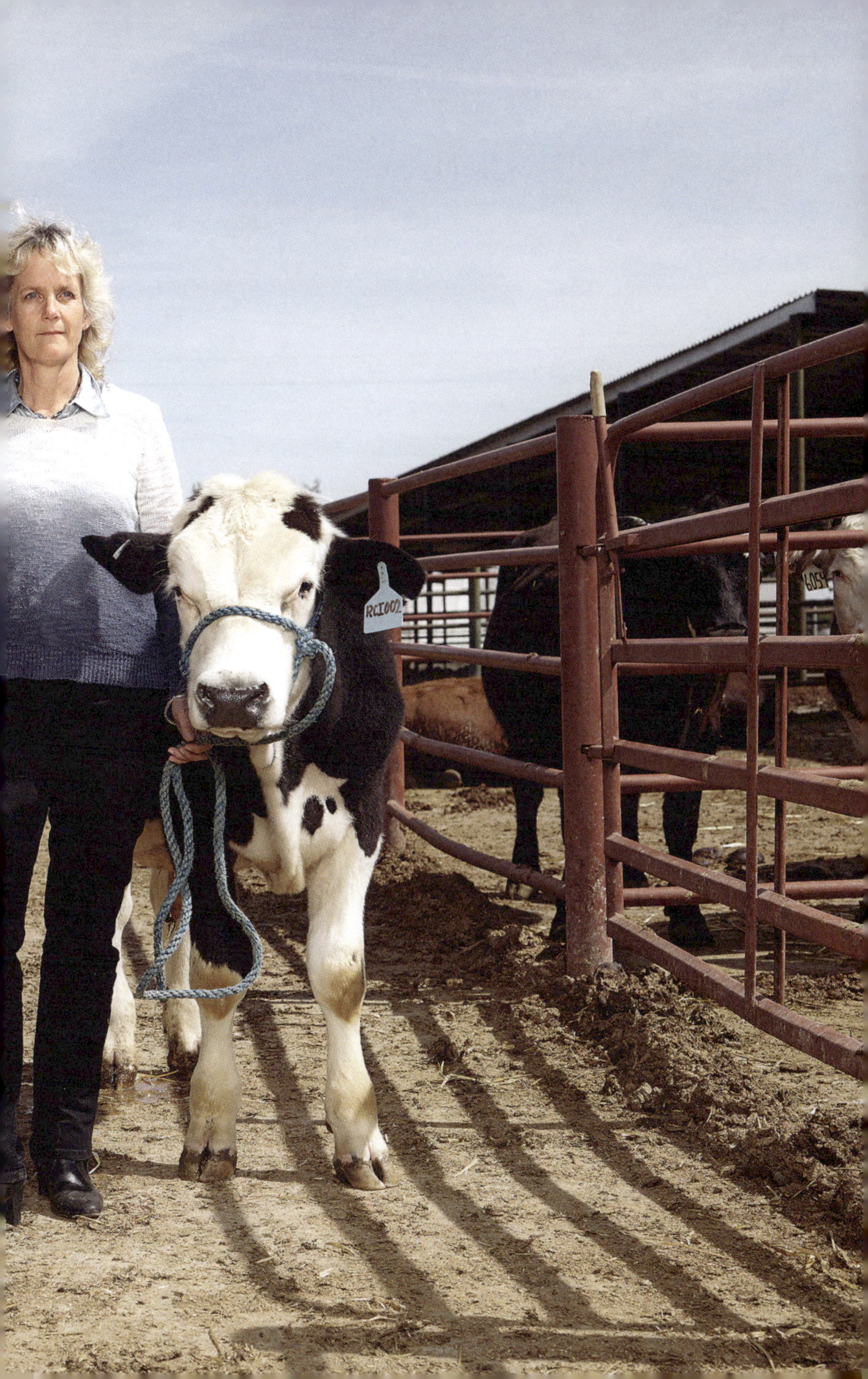

Aleksandra Domanović

Bulls Without Horns

Alison With the Bulls; Meeting Horned Sisters, 2016

Die Klone Spotigy und Buri sind die ersten beiden Bullen, denen durch eine Veränderung der DNA keine Hörner mehr wachsen. Die Tiere sind genetisch enthornt. Mit der molekularbiologischen Methode TALEN, die wie eine Schere funktioniert, wurde das für das Wachstum der Hörner verantwortliche Gen aus der DNA herausgeschnitten. Die Künstlerin stand für ihr Projekt im engen Austausch mit der Tiergenetikerin Alison Van Eenennaam, die mit den beiden Stieren arbeitet und an der UC Davis in Kalifornien forscht. Die Serie *Bulls Without Horns* verbindet aktuelle Forschung mit ihrer kritischen Hinterfragung und beleuchtet gleichzeitig Genderthemen in der Wissenschaft.

Clones Spotigy and Buri are the first two bulls to be born that will not grow horns, owing to modification of their DNA. The animals have been genetically dehorned. The gene responsible for horn growth was cut out of their DNA using the molecular-biological method TALEN, which functions like a pair of scissors. When realizing her project the artist was in close contact with animal geneticist Alison Van Eenennaam, who works with the two bulls and conducts research at UC Davis in California. The series *Bulls Without Horns* links current research to a critical investigation of it and at the same time sheds light on topics of gender in science.

Diasec, Chromogendruck
Diasec, mounted chromogenic print
150 × 200 cm; 30 × 40 cm

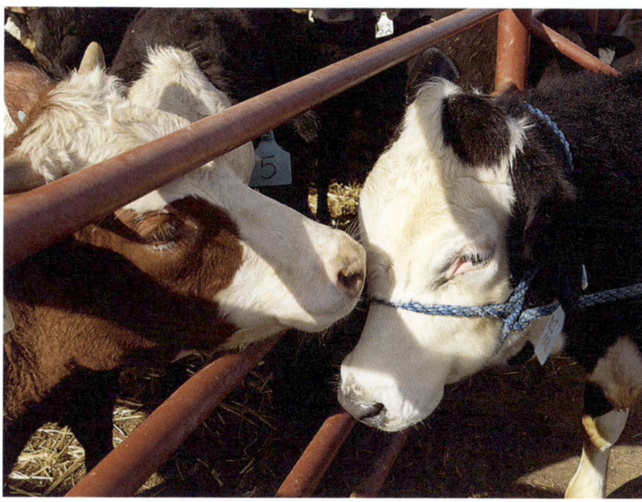

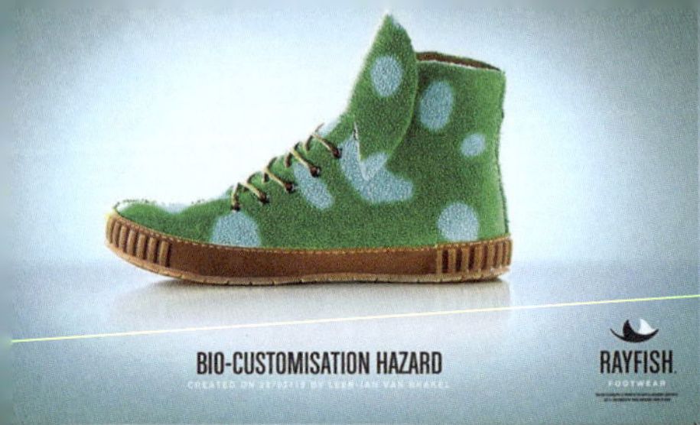
BIO-CUSTOMISATION HAZARD
RAYFISH
FOOTWEAR

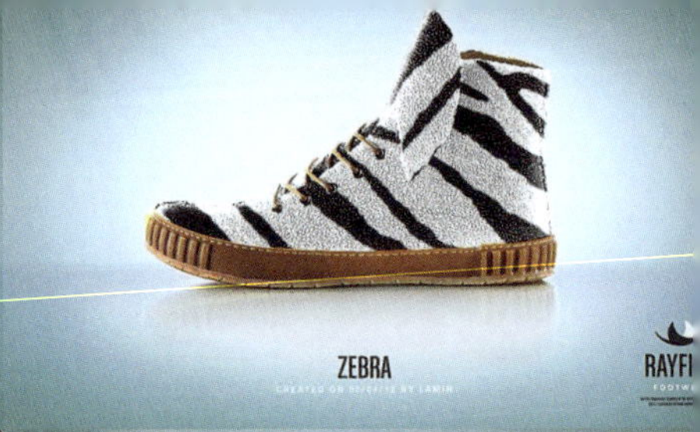
ZEBRA

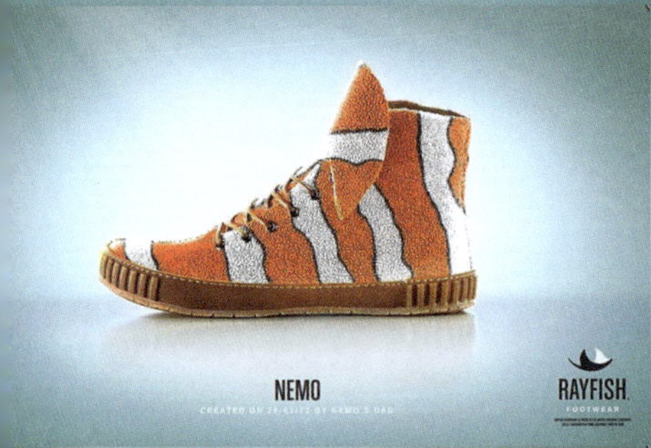
NEMO
RAYFISH
FOOTWEAR

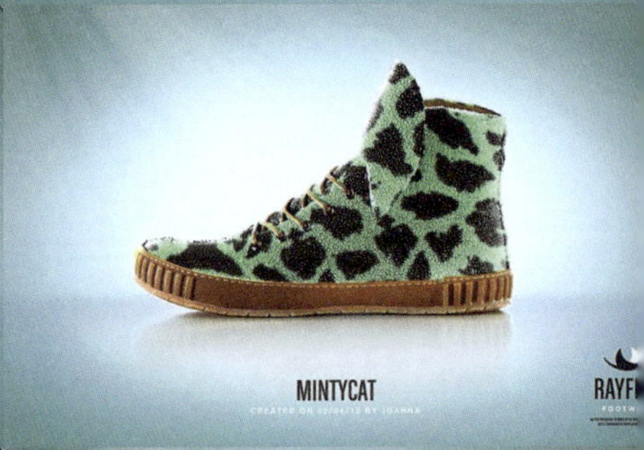
MINTYCAT

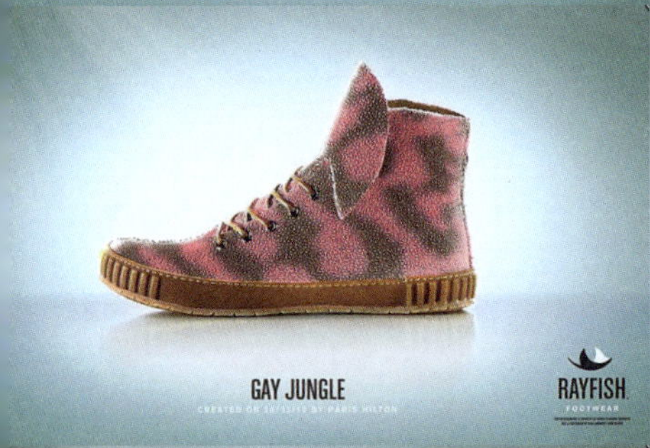
GAY JUNGLE
RAYFISH
FOOTWEAR

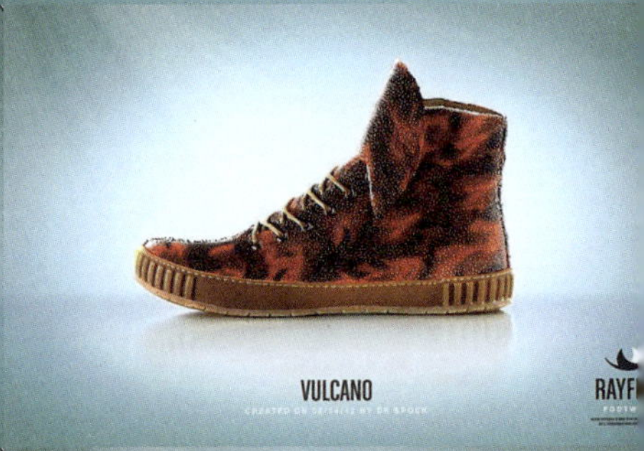
VULCANO

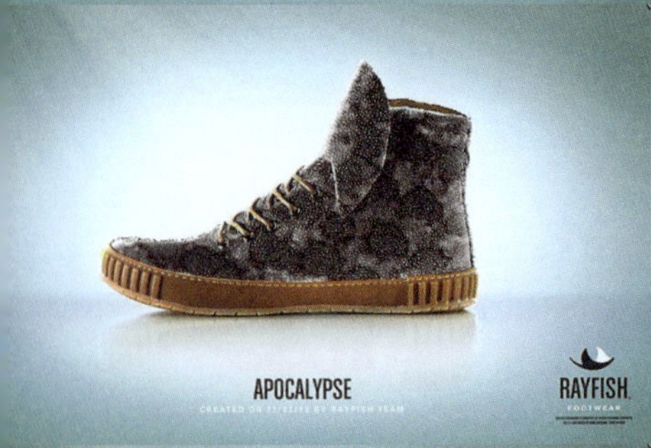
APOCALYPSE
RAYFISH
FOOTWEAR

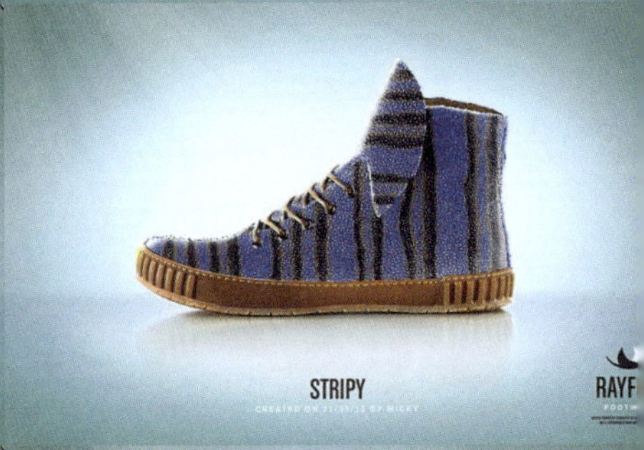
STRIPY

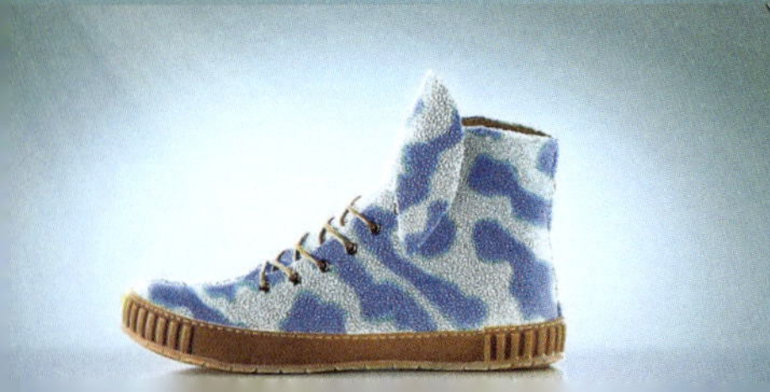

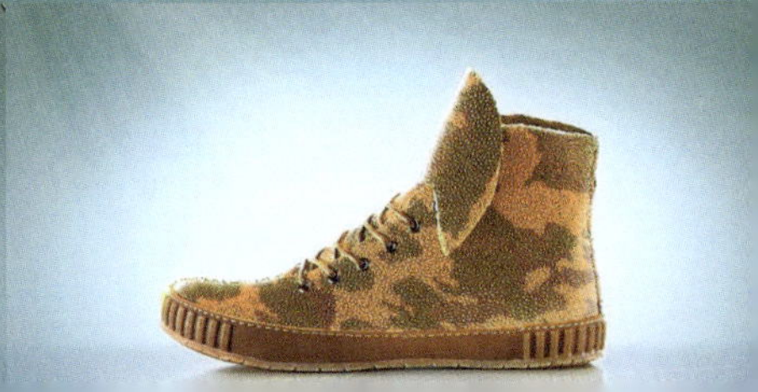

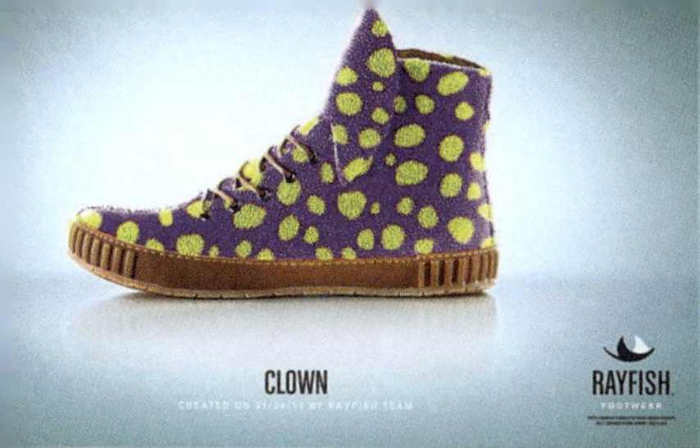
CLOWN
RAYFISH
FOOTWEAR

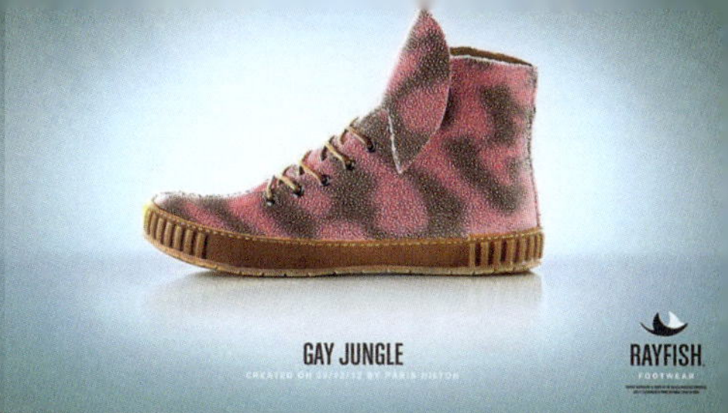
GAY JUNGLE
RAYFISH
FOOTWEAR

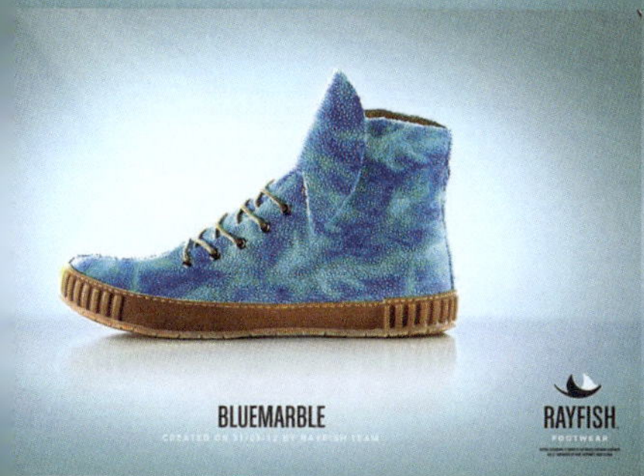
BLUEMARBLE
RAYFISH
FOOTWEAR

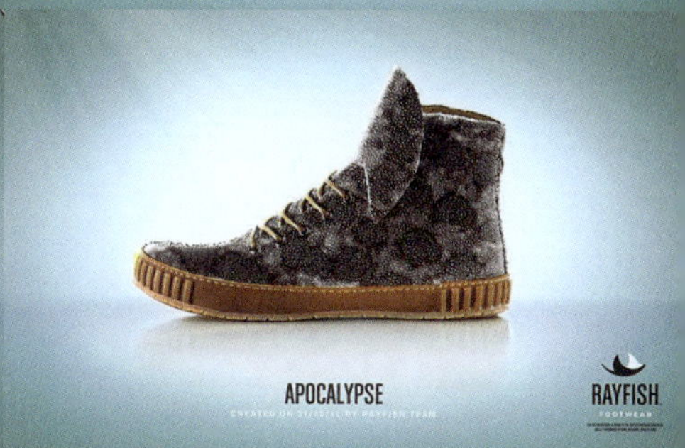
APOCALYPSE
RAYFISH
FOOTWEAR

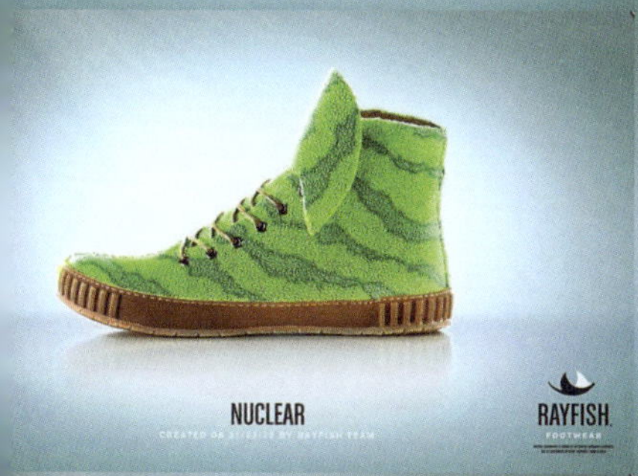
NUCLEAR
RAYFISH
FOOTWEAR

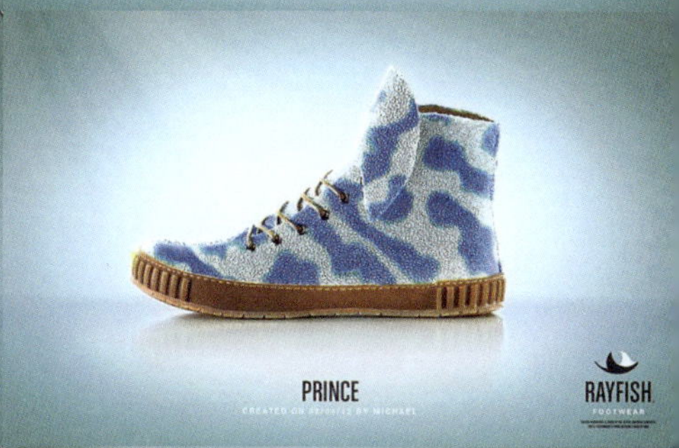
PRINCE
RAYFISH
FOOTWEAR

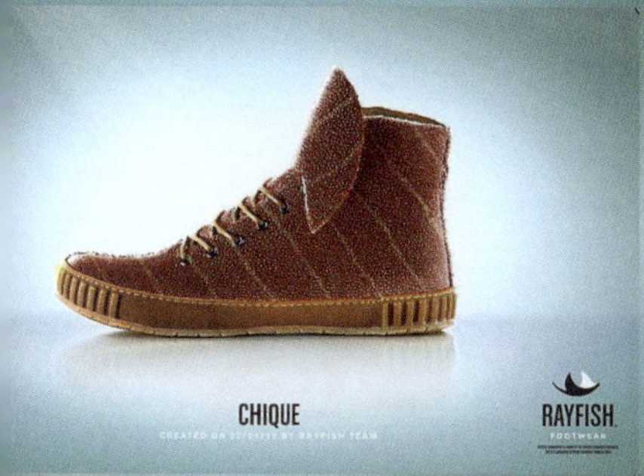
CHIQUE
RAYFISH
FOOTWEAR

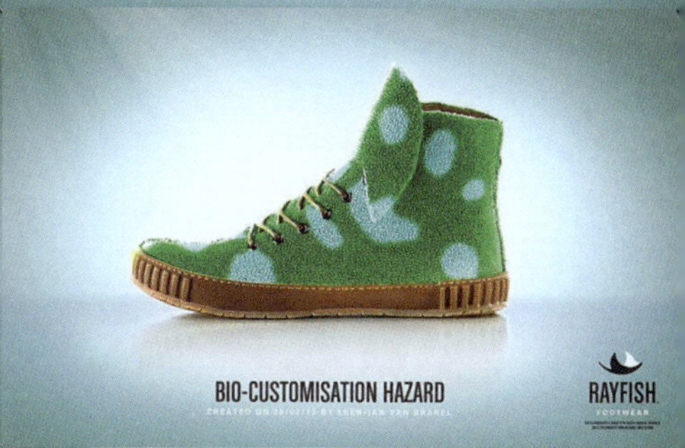
BIO-CUSTOMISATION HAZARD
RAYFISH
FOOTWEAR

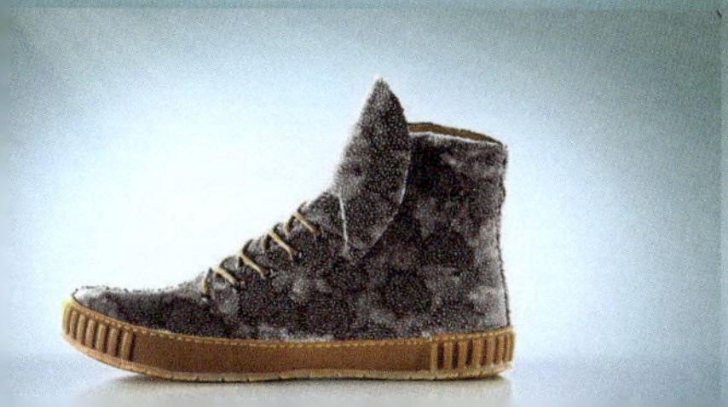

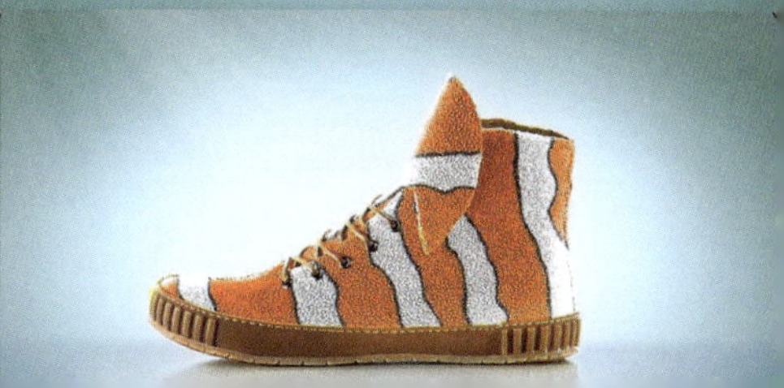

Next Nature Network

Rayfish Footwear

2012

2012 verbreitete sich in den Medien rasant eine große Diskussion um genetisch manipulierte Stachelrochen, deren Haut zur Produktion von Schuhen verwendet wurde. Die Firma Rayfish Footwear präsentierte ein Designtool im Internet, das es ermöglichte, personalisierte Sneakers zu gestalten. Weltweit griffen rund 10.000 Personen darauf zu. Proteste gegen die Schuhfirma beflügelten ihren Erfolg, dennoch ging sie schließlich Bankrott. Über ein Making-of-Video mit dem Titel *The Rise and Fall of Rayfish Footwear* gibt sich Next Nature Network als Entwickler des Start-ups zu erkennen und deckt eine aufwändige Inszenierung auf, die alle Ebenen der fiktiven Firma betrifft. Das erklärte Ziel war es, Denkprozesse über die industrielle Nutzung von Tieren mithilfe der Gentechnologie anzuregen.

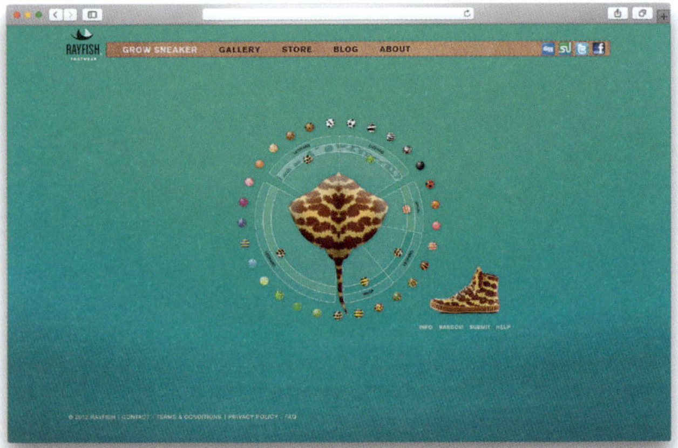

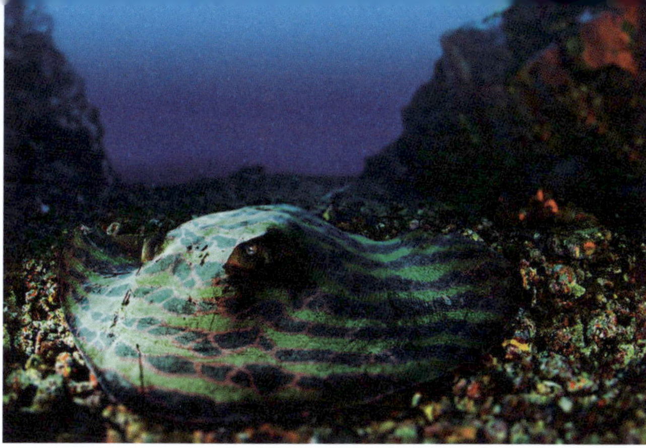

In 2012, debate suddenly flared up in the media about genetically manipulated stingrays whose skin was used as leather to make shoes. The startup company Rayfish Footwear released a design tool on the internet which enabled users to create personalized sneakers – and about 10,000 people took up this offer. But the company's success was marred by protests, and in the end it went bankrupt. In a making-of video entitled *The Rise and Fall of Rayfish Footwear*, Next Nature Network admitted it was behind the startup and revealed that all levels of the fictitious company had been elaborately staged. The declared aim was to make people think about the industrial exploitation of animals based on genetic engineering.

Video, Sound, 2:50 Min.

Website

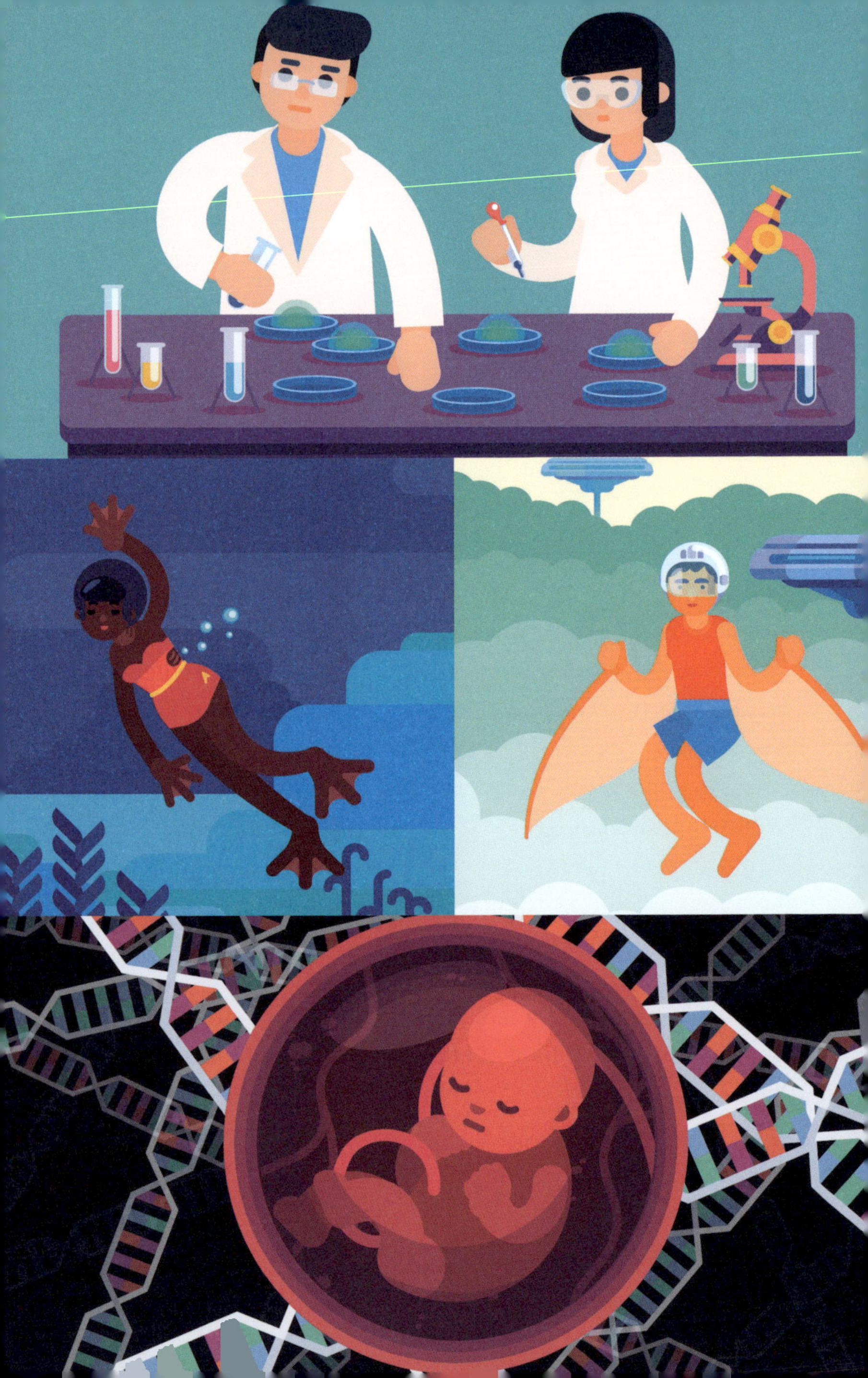

Genetic Engineering Will Change Everything Forever — CRISPR

2016

Im Zentrum der Arbeit des Design- und Kommunikationsbüros Kurzgesagt – In a Nutshell steht die visuelle Wissensvermittlung. Über ihren Youtube-Kanal veröffentlichen sie informative Videos, die relevante Themen des gesellschaftlichen Diskurses aufgreifen und in animierten Grafiken anschaulich darstellen. In *Gentechnik wird alles für immer verändern – CRISPR* wird eine aktuelle Methode der Forschung vorgestellt, die verhältnismäßig einfach, preiswert und leicht verfügbar ist und ganz neue Fragen nach den möglichen Auswirkungen von Gentechnologie aufwirft.

Work at the design and communication studio Kurzgesagt – In a Nutshell centres around the visual transfer of knowledge. Informative videos using animated graphics to address relevant topics of social debate are published on its YouTube channel. In *Genetic Engineering Will Change Everything Forever – CRISPR*, an advanced method of research is introduced which is relatively simple, inexpensive and readily available, raising entirely new questions about the potential effects of genetic engineering.

HD-Video, Sound, 16:03 Min.

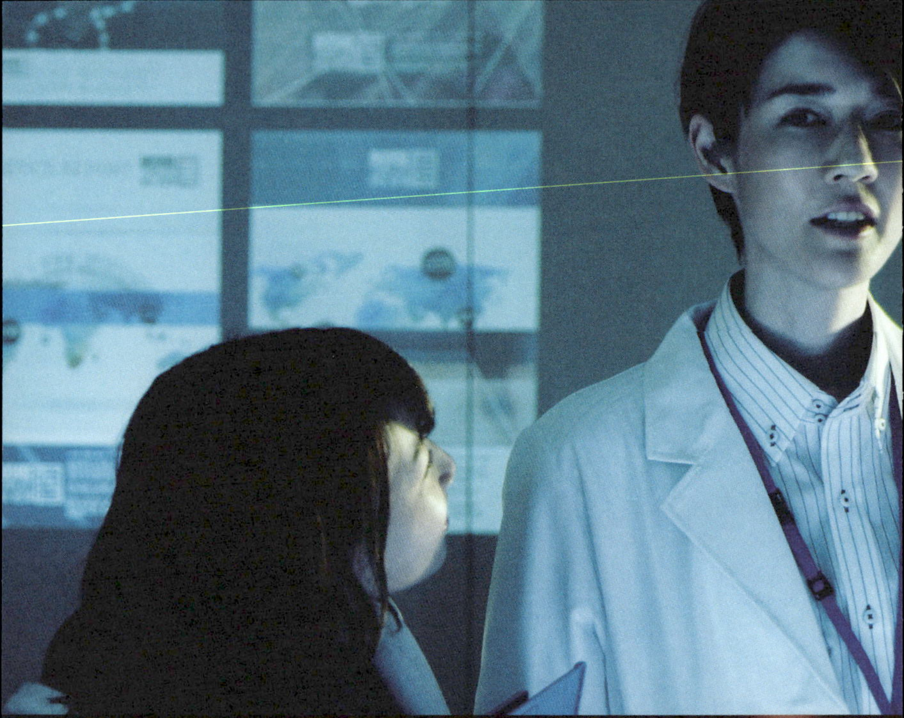

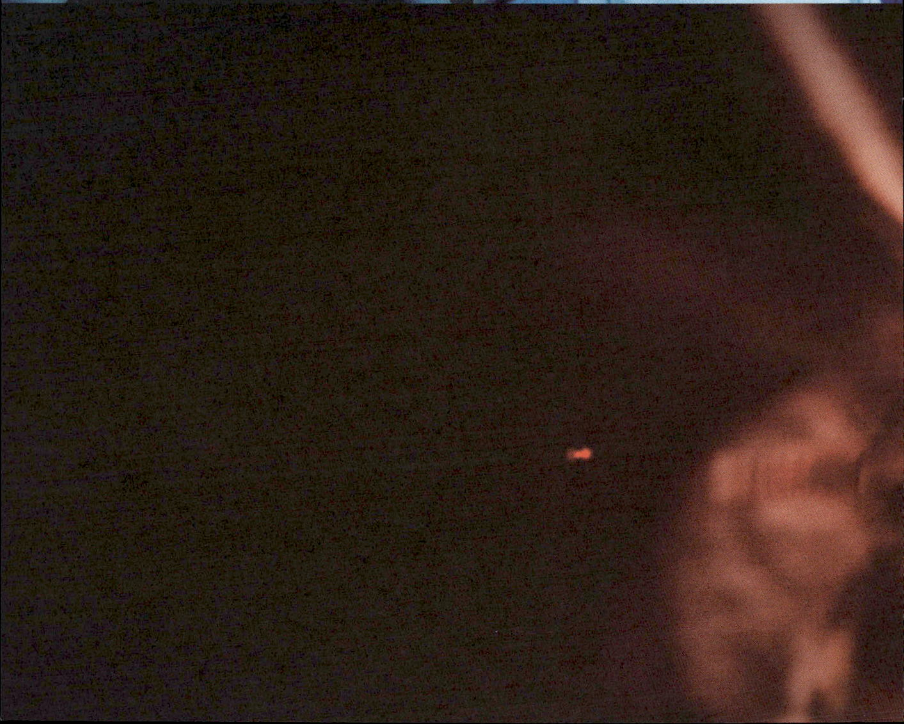

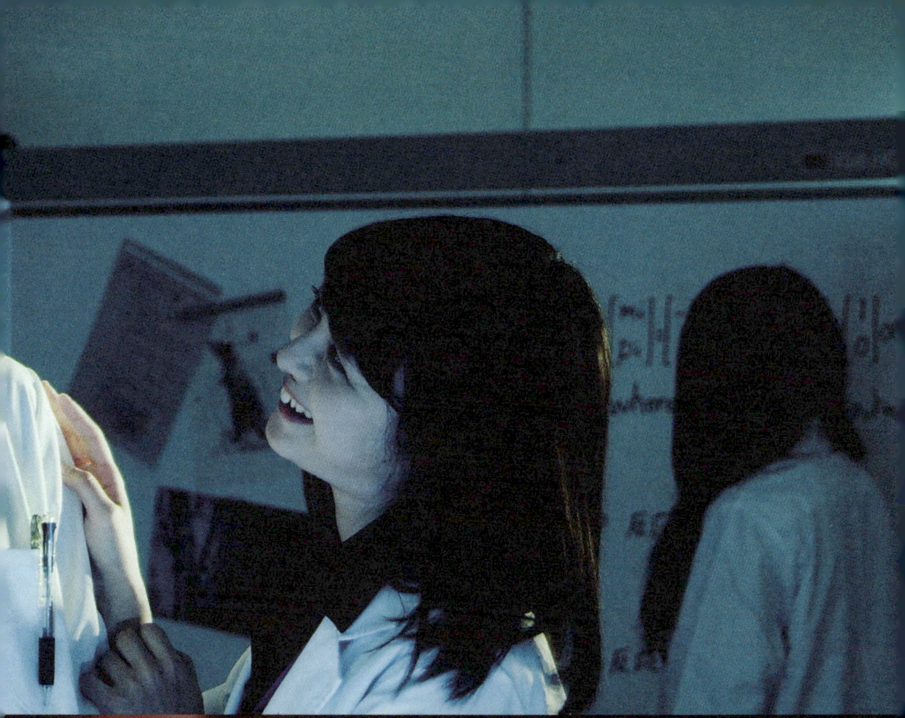

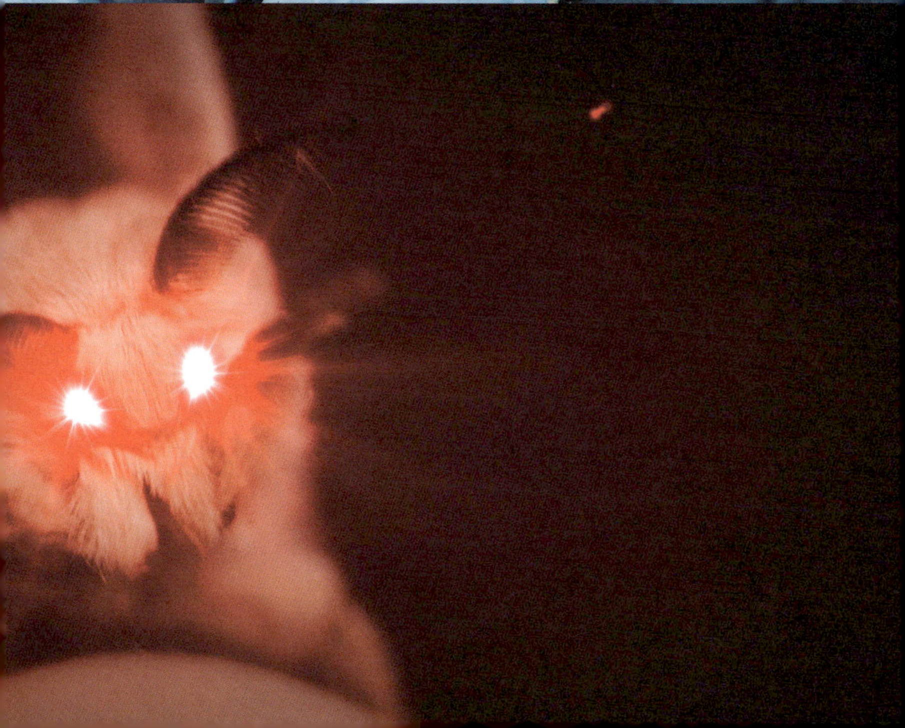

Sputniko

Red Silk of Fate – Tamaki's Crush

2016

Die Legende des *roten Fadens des Schicksals* ist in Asien weit verbreitet und besagt, dass füreinander bestimmte Menschen mit einem unsichtbaren Band verbunden sind. Die japanische Designerin und Popkünstlerin Sputniko arbeitete für ihr Werk mit Wissenschaftlern des NIAS (Nationales Institut für Agrobiologische Wissenschaften in Japan) zusammen, um den Mythos Wirklichkeit werden zu lassen. Sie veränderten Seidenraupen genetisch, indem sie den Eiern ein Hormon zur Stärkung sozialer Bindungen sowie Gene einer rotleuchtenden Koralle injizierten und erschufen damit einen tatsächlichen *roten (Seiden)faden des Schicksals*. Mit der Ästhetik japanischer Popkultur erzählt Sputniko in dem parallel dazu entwickelten Musikvideo die Geschichte der Genforscherin Tamaki. Sie versucht mit Hilfe des Fadens das Herz ihres Schwarms zu erobern. Doch mythische Kräfte scheinen ihren Plan zu durchkreuzen...

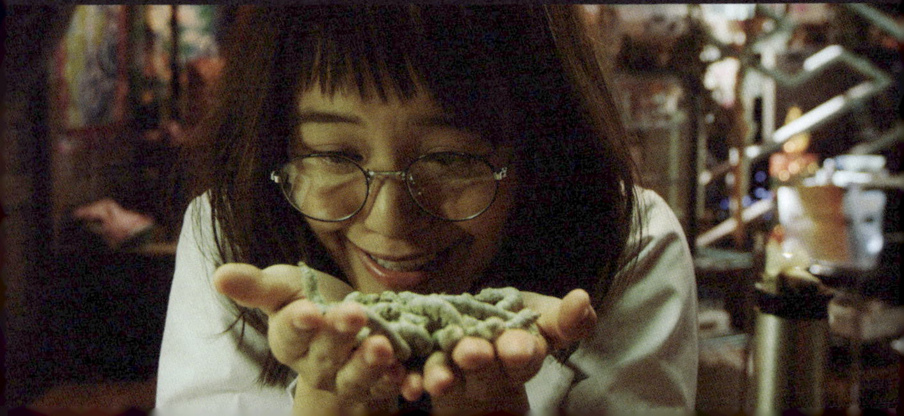

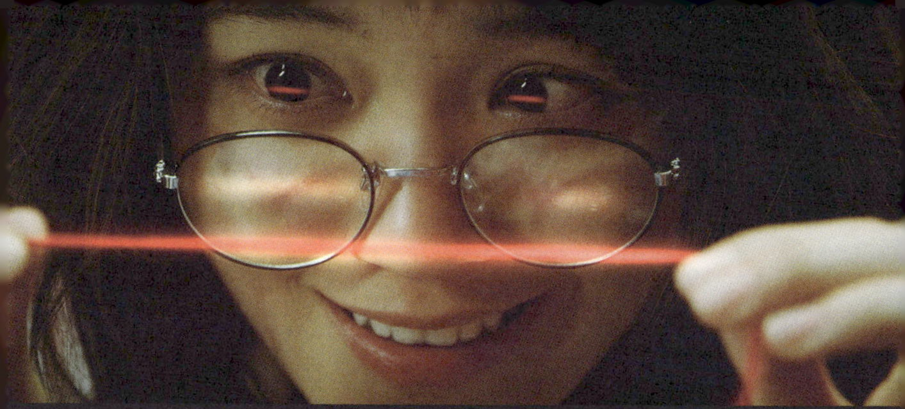

The legend of the *Red Thread of Fate* is widespread in Asia. It says that certain people who are meant for each other are connected by an invisible red cord. Japanese designer and pop artist Sputniko teamed up with scientists from the National Institute of Agrobiological Sciences (NIAS) in Japan to translate this myth into reality. They genetically modified silkworms by injecting eggs with a hormone to strengthen social bonds as well as genes from a red-glowing coral to create an actual *red (silk) thread of fate*. In a music video developed in parallel using Japanese pop culture aesthetics, Sputniko tells the story of a geneticist called Tamaki who tries to woo her heart-throb with the help of the thread. Yet her plan seems to be foiled by mythical forces...

Video, Sound, 5:09 Min.

Seidenraupenkokons, Seidenfaden, genetisch manipuliert
Silkworm cocoons, silk string, genetically modified
Maße variabel / Variable dimensions
In Zusammenarbeit mit NIAS Japan / In collaboration with NIAS Japan

Foto / Photo
Maße variabel / Variable dimensions

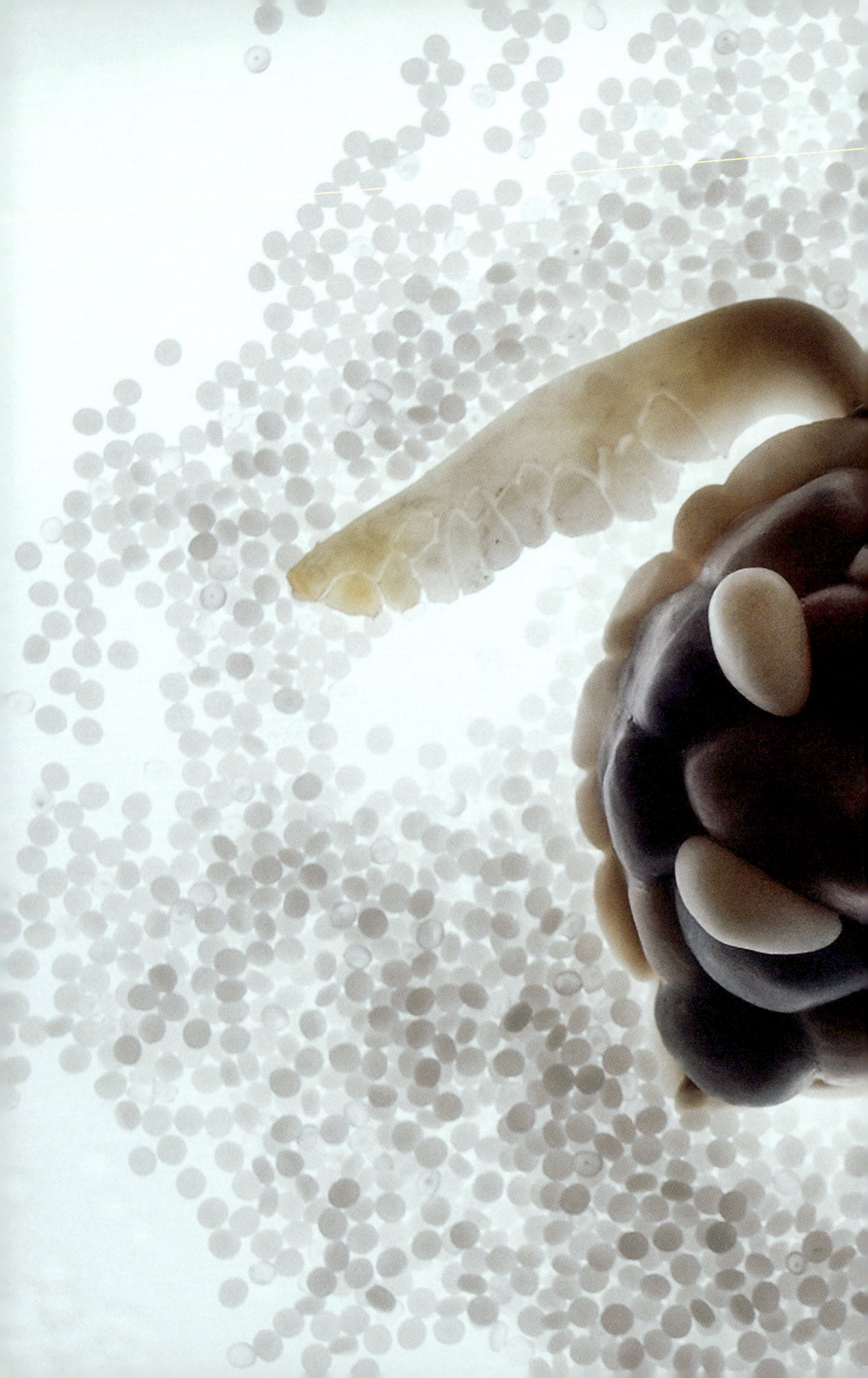

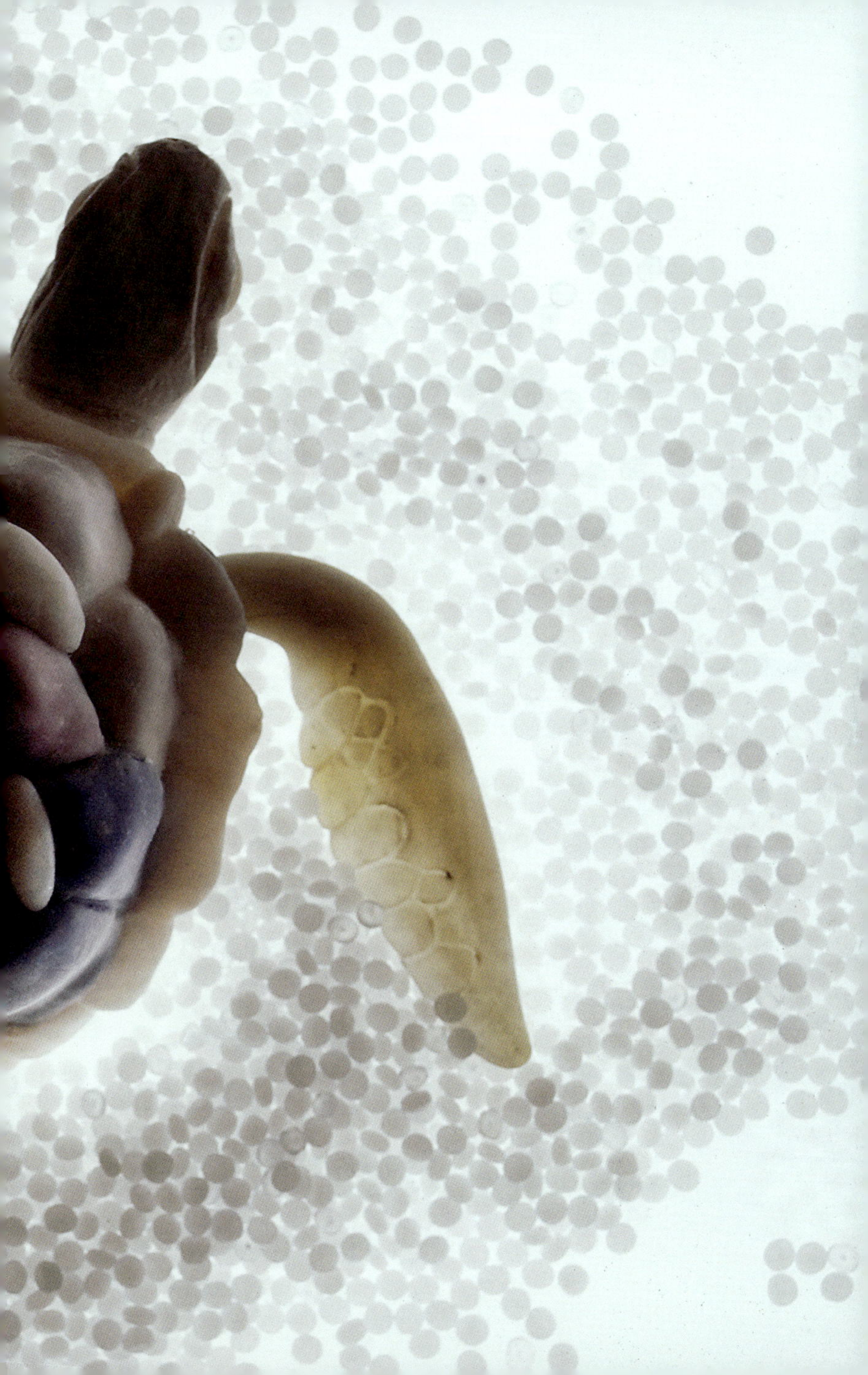

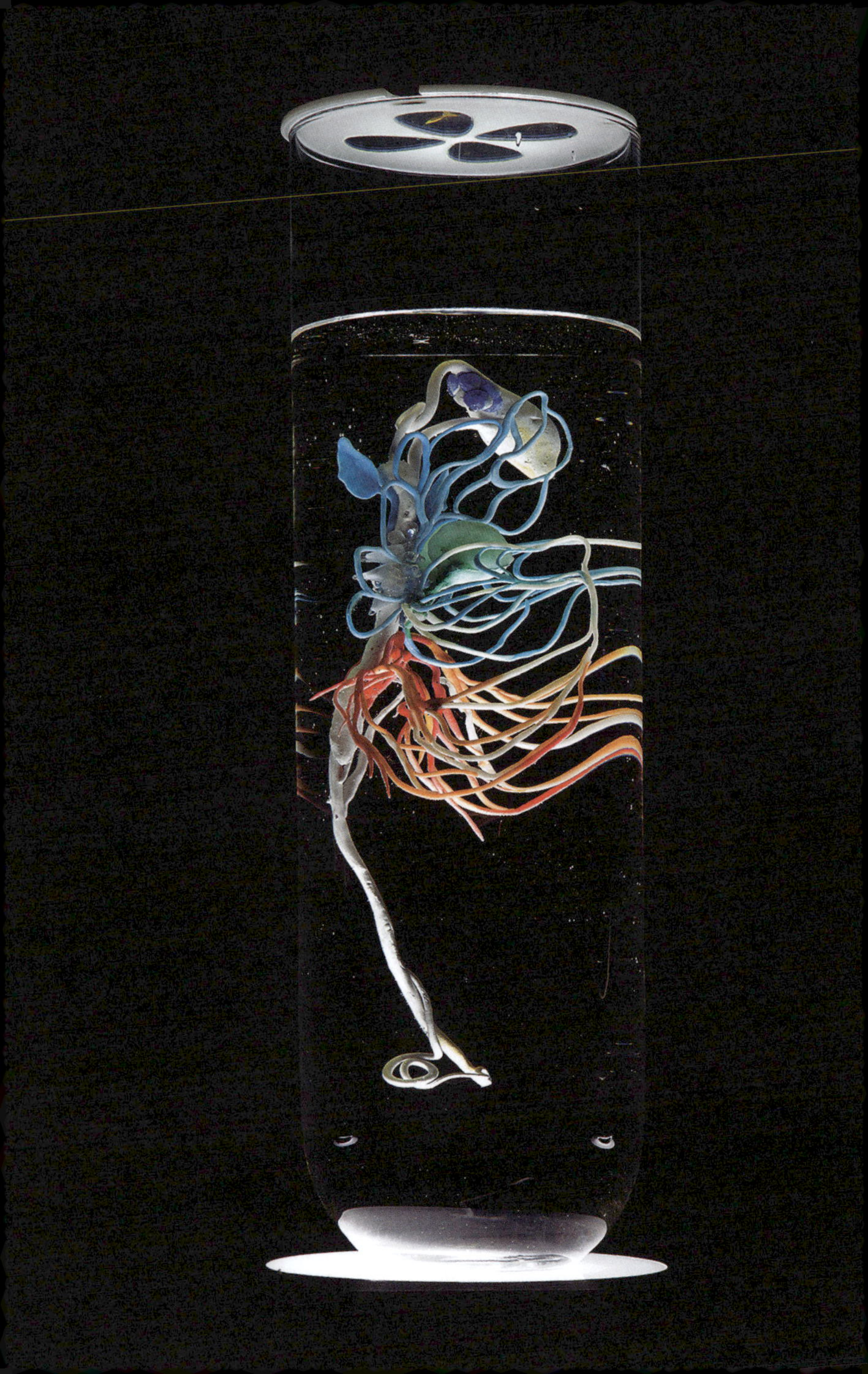

Pinar Yoldas

Ecosystem of Excess

2014

Wie könnten sich Lebewesen angesichts der durch Plastikmüll verschmutzten Weltmeere in Zukunft verändern oder den Bedingungen entsprechend optimieren? Von einem interdisziplinären Standpunkt aus widmet sich Pinar Yoldas der brisanten Thematik auf ungewöhnliche Weise. Ein neues, spekulatives Ökosystem eröffnet in *Ecosystem of Excess* einen neuen Blickwinkel auf die Problematik der Umweltverschmutzung. Man stößt etwa auf neue Tierarten wie die *Plastic Balloon Turtle*, die sich einer zunehmenden, tatsächlich realen Problematik der Verschmutzung durch Luftballonreste anpasst, aber auch auf Organe, die Plastik abbauen oder mit spezialisierten Sensoren Plastikteile aufspüren können.

As the oceans become increasingly polluted by plastic waste, how might living things change or adapt as a result? Taking an interdisciplinary approach, Pinar Yoldas addresses this alarming issue in an unusual way. *Ecosystem of Excess* presents a fresh perspective on the problem of environmental pollution by introducing a new, speculative ecosystem. We discover new species such as the *Plastic Balloon Turtle*, which has adjusted to the real, growing problem of contamination caused by the remains of balloons, as well as organs which detect plastic using special sensors or digest it.

Mixed Media
Maße variabel / Variable dimensions

Melanie Bonajo

Progress vs Sunsets

2017

Was würdest Du tun, wenn Du allein in der Wildnis aufwachen würdest? Sind Menschen Tiere? Haben Tiere ein Recht auf Privatsphäre? Und können wir *lustige* Tiervideos ins All schicken, damit Aliens das Ökosystem der Erde kennenlernen? – Diese und andere Fragen stellt Melanie Bonajo in ihrem Film *Progress vs Sunsets*. Im Gespräch mit Kindern beleuchtet sie, wie sich das Verhältnis zur Natur durch die Verbreitung von Amateur-Naturfotografien und Filmen im Internet verändert. Komplexe Themen rund um Tierrechte, Biopolitik, schwindende Ressourcen und Phänomene wie *Knut der Eisbär* werden in farbenreichen Bild-Ton-Montagen auf eine subtile Weise zur Diskussion gestellt, so dass erst im zweiten Moment, dann aber klar und deutlich, die Entfremdung zwischen Mensch und Tier aufscheint.

What would you do if you woke up alone in the wilderness? Are humans animals? Do animals have a right to privacy? And can we send *funny* animal videos into space to inform aliens about the Earth's ecosystem? These and other questions are asked by Melanie Bonajo in her film *Progress vs Sunsets*. Talking to children,

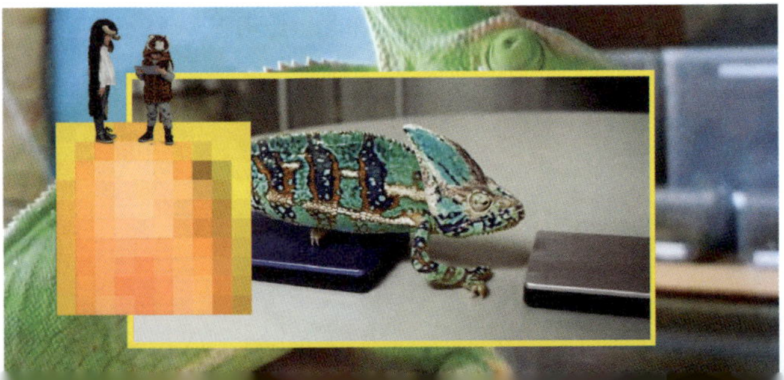

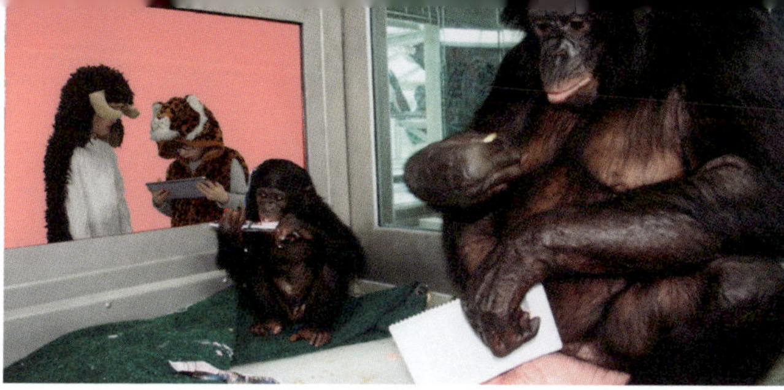

she explains how the relationship with nature is changing because of the spread of amateur nature photographs and videos on the internet. Complex issues regarding animal rights, biopolitics, dwindling resources and phenomena like *Knut the polar bear* are subtly raised for discussion in colourful audio-visual montages so that the alienation between humans and animals only appears at second glance – but then all the more clearly.

HD 1-Kanal Video / HD one-channel video, Sound, 48:00 Min.

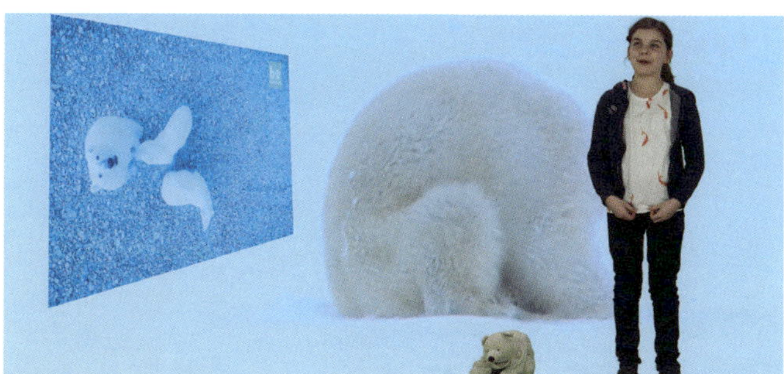

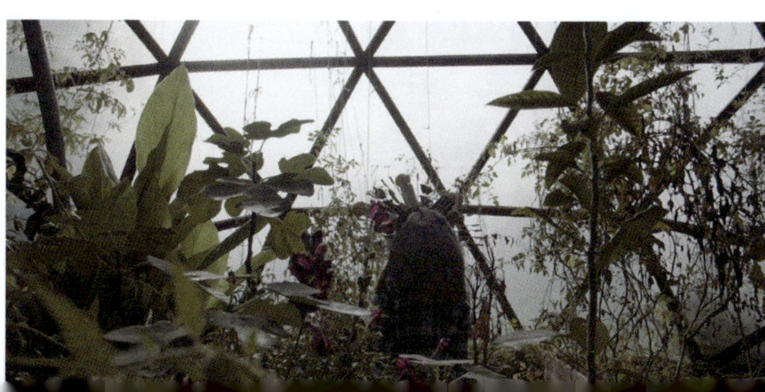

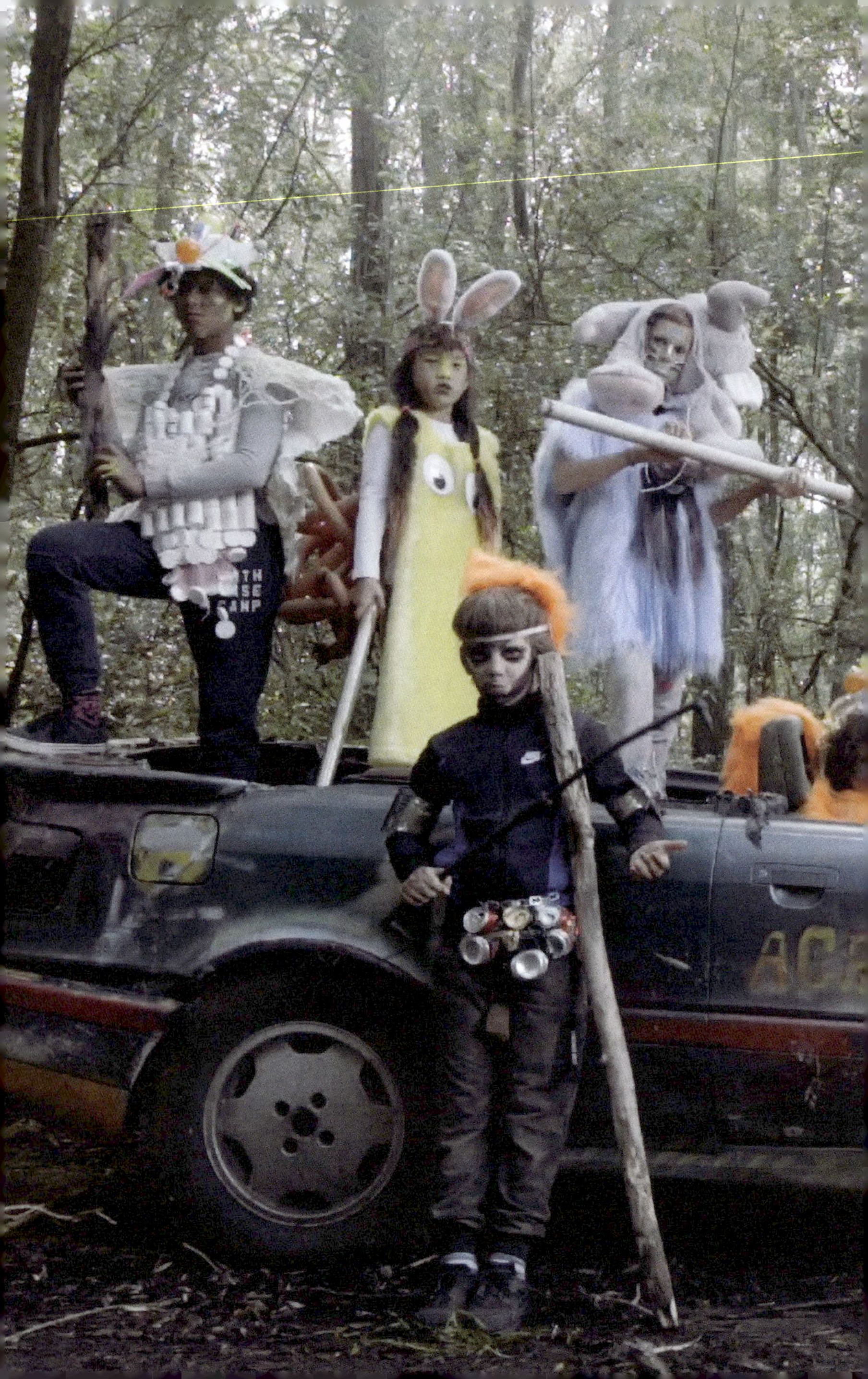

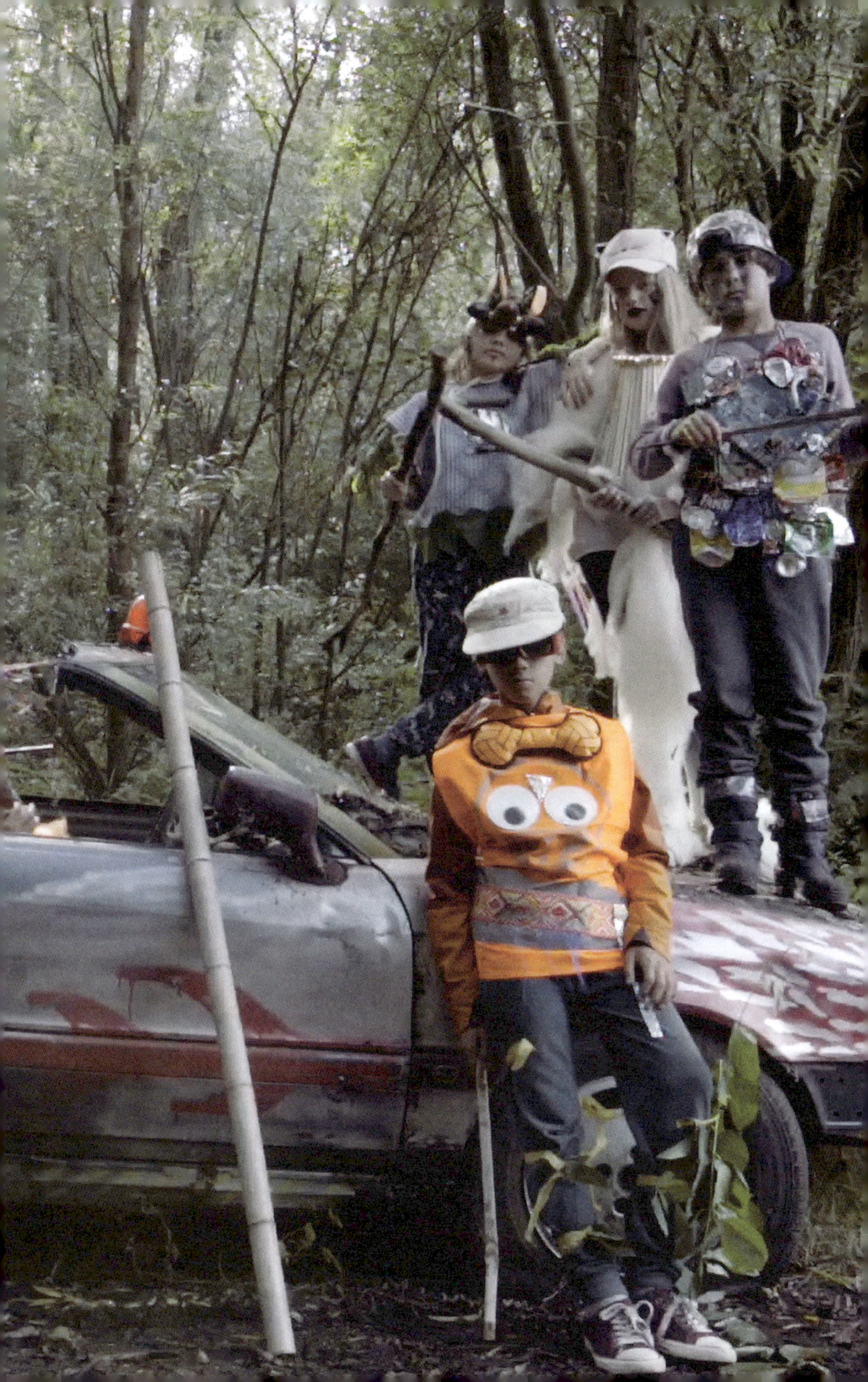

Es begann ein Wettlaufen in den Wäldern. Alles war voll von Tieren. Ich versuchte Ordnung zu machen.

Franz Kafka

A race began in the woods. The whole place was full of animals. I tried to establish order.

Franz Kafka

Elio Caccavale

(Außer)Gewöhnliche Tiere

Die Beziehung zwischen menschlichen und nichtmenschlichen Lebewesen im Zeitalter der Gentechnik

Wir sind von Tieren umgeben. Auch wir selbst sind Tiere. Unsere menschliche Existenz ist eng mit dem Leben anderer Tiere verknüpft. Tiere werden als Götter verehrt und als böse Geister geschmäht. Sie werden respektvoll als Nahrung genutzt und grausam für sportliche Zwecke getötet. Manche Arten werden gequält oder schlecht behandelt, andere teilen das Zuhause mit uns und genießen den Status von Familienmitgliedern. Wir waschen uns mit Produkten, die an Tieren getestet wurden, und nehmen Medikamente, die an Tiermodellen entwickelt wurden. Wir besuchen Zoos und Delfinarien und lassen uns von den zur Schau gestellten Tieren und ihren Darbietungen unterhalten. Dies sind einige der vielen Verbindungen, die es – daran besteht kein Zweifel – zwischen der menschlichen und nichtmenschlichen Welt gibt. Der Mensch ist von Tieren abhängig – sowohl buchstäblich als auch im übertragenen Sinn. Seine Beziehung zu ihnen gleicht einer faszinierenden Erzählung, die von zutiefst merkwürdigen bis zu höchst vertrauten Aspekten reicht.

Vor beinahe zweihundert Jahren stellte Charles Darwin das Konzept unüberwindbarer Artgrenzen in Frage. Seine Evolutionstheorie bewies, dass der Mensch nicht als einzigartiges Lebewesen geschaffen wurde, sondern mit den Tieren verwandt ist, mit denen er – wie mit allen anderen Lebensformen dieser Erde – ein Kontinuum bildet. Heute wissen wir, dass sich die genetische Ausstattung und das Verhalten von Tieren und Menschen in vielerlei Hinsicht ähneln. Stärker noch als Darwins Entdeckungen rütteln neue Forschungen in unterschiedlichen wissenschaftlichen Disziplinen an der Grenze zwischen menschlichen und nichtmenschlichen Tieren. Seit einigen Jahren ist der vermehrte Einsatz von neuen Technologien zur Erschaffung, Manipulation und Patentierung von nichtmenschlichem Leben auf genetischer Ebene zu beobachten. Neue Formen der Gentechnik und künstlichen Produktion erweitern die Modalitäten der Mensch-Tier-Beziehung: Statt unsere *moderne* Abgrenzung zur Tierwelt fortzuschreiben, stärkt dieser Prozess unsere Verbundenheit mit nichtmenschlichen Lebensformen. Gentechnik kann die Beziehungen zwischen Individuen derselben Art oder Population ebenso fundamental verändern wie zwischen unterschiedlichen Arten, gentechnisch manipulierten Tieren und ihren Erzeugnissen und Menschen.

Im 21. Jahrhundert beschäftigen sich zahlreiche Forschungsprojekte damit, genetisch veränderte Tiere zur Herstellung nichttraditioneller Materialien für menschliche Bedürfnisse zu nutzen. Diese Nutzungen können grob in drei Kategorien unterteilt werden: Biopharmazeutika (Pharming) für Tiere oder Menschen; lebende Zellen, Gewebe und Organe; Rohmaterialien für die Weiterverarbeitung zu sonstigen nützlichen Endprodukten. Insbesondere die Methode der Xenotransplantation – die Verpflanzung von lebenden Zellen, Geweben oder Organen vom Tier auf den Menschen – schafft neue Artenkonfigurationen, die die Grenzen zwischen Menschlichem und Nichtmenschlichem destabilisieren und neue Modi der Intimität und Abhängigkeit von nichtmenschlichen Tieren wie etwa Schweinen generieren. Da Menschen zu den Primaten gehören, erscheint es aufgrund physiologischer Ähnlichkeiten naheliegend, andere Vertreter dieser Gruppe – etwa Schimpansen oder Paviane – als Spendertiere für Xenotransplantationen zu nutzen. Doch nichtmenschliche Primaten scheiden als Spender aus, da sie mit größerer Wahrscheinlichkeit als andere Tiere Träger von Viren sind, die bei Menschen Infektionen auslösen können. Schweine hingegen lassen sich in keimfreier Umgebung züchten und werden seit

Jahrzehnten routinemäßig und gefahrlos für medizinische Zwecke eingesetzt. Das bekannteste Beispiel dafür sind künstliche Herzklappen. Dazu kommt: Je höher ein Tier in der phylogenetischen Systematik angesiedelt ist, desto eher evoziert es ethische Überlegungen hinsichtlich Wohlbefinden, Respekt, Würde und Selbstbestimmung, wie sie auch für Menschen gelten. Der medizinische Bedarf – insbesondere für Organtransplantationen – steht angesichts der Knappheit an menschlichen Organen außer Zweifel. Allerdings wirft eine Perspektive, die unser Verhältnis zu anderen Arten in Frage stellt, wesentliche philosophische und ethische Probleme auf.

Die Idee einer simplen und eindeutigen Abgrenzung zwischen Mensch und Tier ist tief in unserer Kultur verwurzelt. Doch die Gentechnik mit ihrer Fähigkeit zur Erzeugung von Chimären (Kombination von Embryonalzellen unterschiedlicher Arten) und genetischen Hybriden (Einbringung von genetischem Material unterschiedlicher Arten in ein Genom) rüttelt an der Selbstverständlichkeit dieser Unterscheidung. Die moderne Wissenschaft kann genetische Informationen manipulieren, die am Entwicklungsprozess aller Lebensformen beteiligt sind. Mit Hilfe von komplexen Methoden (rekombinante DNA, Zellfusion) können genetische Informationen nicht verwandter Arten eingeschleust oder entfernt, ja, sogar aneinander gefügt und verschmolzen werden, so dass völlig neue Lebensformen entstehen. Dies löst bei vielen Menschen tief sitzende Ängste aus, die in den Medien als Ablehnung des *Unnatürlichen*, als Angst vor dem *Fremden* oder *Gefährlichen* ausführlich thematisiert wurden. Gleichzeitig ist unsere Kultur seit jeher von Kreaturen fasziniert, die Merkmale verschiedener Tiere in sich vereinen oder Mischformen aus Mensch und Tier darstellen (Greife, Zentauren etc.). Diese Hybridwesen stellen unseren Sinn für Kategorisierungen in Frage und regen uns zum Nachdenken über grundlegende Aspekte der biologischen und physischen Eigenart des Menschen an. Unterschiedliche Konzepte und Ideen, die plausible (zuweilen auch fantastische) Szenarien ergründen, können uns helfen, die menschliche Natur und ihre Wechselbeziehung zur Welt zu verstehen. Daher ist eine Analyse der Beziehungen zwischen menschlichen und nichtmenschlichen Lebewesen ebenso zu begrüßen wie die Untersuchung der menschlichen, persönlichen, philosophischen, ästhetischen, technologischen und soziokulturellen Antworten, die Kunst und Design vor diesem Hintergrund entwickelt haben. Wir brauchen neue Instrumentarien zur Erforschung der zeitgenössischen Bedeutungen, die durch diese Beziehungen berührt werden. Als Forscher und Lehrender in Sachen Design interessiere ich mich besonders für die Rolle von Objekten in der philosophischen und ethischen Auseinandersetzung. So können Künstler*innen und Designer*innen zu den Debatten rund um die seltsamen und zugleich wunderbaren Mittel und Wege beitragen, mit denen wir unser Verhältnis zu anderen Tieren erforscht, konstruiert und begründet haben.

Extra/Ordinary Animals

Human/Nonhuman Relationships in the Age of Genetic Engineering

We are surrounded by animals. Indeed, we are animals ourselves. As humans, our existence is closely connected with the lives of other animals. Some have acquired godlike status and others are reviled as evil spirits. They are respectfully farmed for food, and inhumanely killed for sport. While some animal species have been abused or mistreated, others have been taken into our homes and treated like family members. We wash our bodies with products that have been animal tested, and use drugs that were developed using animal models. We visit zoos and marine parks to be amused or entertained. Undoubtedly, in so many ways, the human and nonhuman world is interconnected: humans are dependent on animals–literally and figuratively. And this relationship provides a fascinating account of the incomparably strange and the utterly familiar.

Charles Darwin's theory of evolution, published in 1859, challenged the notion of an absolute species. He demonstrated that humans are related to animals rather than unique, placing us on a continuum with other animals, and, furthermore, all life on Earth. We now understand that there are numerous ways in which humans and animals are genetically and behaviorally similar. Across a range of scientific fields, research today is crossing the boundaries between human and nonhuman animals, going well beyond Darwin's discoveries. This is mostly due to the increased use of new technologies for producing, manipulating, and patenting nonhuman life genetically. Indeed, these new forms of genetic engineering and artificial production expand the modalities of human-animal relations: far from continuing our *modern* isolation from animals, it ensures our entanglement with nonhuman life. Genetic engineering can lead to fundamental changes in the relationships between individuals of the same species or different species, between engineered animals and the products produced by them, as well as between humans.

In the twenty-first century, there are many research efforts underway to develop nontraditional materials for human needs using genetically engineered animals. Such uses can be broadly divided into three categories: biopharmaceuticals (or pharming) for both animal and human use; live cells, tissues, and organs; and raw materials for processing into other useful products. In particular, xenotransplantation (the transplantation of living cells, tissues, or organs from animal to human bodies) produces new configurations of species, which further destabilizes the boundary between the human and the nonhuman, and causes new modes of intimacy and codependency. Humans are primates, so you would assume that because of our physiological similarities the donor animal would be another member of the primate family (chimpanzees and baboons, for instance). Yet nonhuman primates have been excluded as donors as they are most likely to carry viruses capable of infecting humans. Pigs, however, raised in a clean environment have been routinely and safely used for medical purposes for decades; the use of heart valve xenotransplantation is the most known example. Pigs also share an empathic inclination with humans: the higher the animal in the phylogenetic scale, the more likely they are to demonstrate a common sense of well-being, respect, dignity, and autonomy. Nevertheless, and although the human medical needs are unquestionable, particularly the demand for organs, such an approach raises major philosophical and ethical questions.

The idea that there is a clear distinction between humans and animals is deeply rooted in our culture. Yet increasingly, genetic engineering with its ability to create chimeras (mixing embryonic cells from different species) and genetic hybrids (incorporating genetic material from different species to form a particular genome) makes this distinction problematic. Scientists can now manipulate the genetic information that plays a part in the developmental process of all life forms. Using sophisticated recombinant DNA and cell-fusion processes, genetic information from unrelated species can be inserted, deleted, or even stitched and fused together, creating forms of life that never existed before. This has provoked deep anxiety among many, an anxiety that has been extensively described and discussed in the media as *unnatural* and fueled by a fear of the *alien* or the *dangerous*. Since ancient times however, human culture has been fascinated by fictional creatures that combine features from different animals, or animals mixed with humans, such as griffins and centaurs. Such hybrids challenge our understanding of categorization, and provide us with a catalyst for thinking about the fundamental aspects of our biological and physical human nature.

By engaging with a variety of concepts and ideas exploring plausible (even at times fantastical) scenarios, we can try to figure out something else about human nature and its interrelationships with the world. The exploration of human / nonhuman relationships and our personal, philosophical, aesthetic, technological, and sociocultural responses to them through art and design is to be welcomed. We need novel ways of exploring contemporary meanings raised by human / nonhuman relationships. As a design researcher and design educator, I am particularly interested in the role that objects may play for philosophical and ethical inquiry. It is for this reason that I believe artists and designers can actively participate in the debate surrounding the weird and wonderful ways in which we have explored, constructed, and established our relationships with other animals.

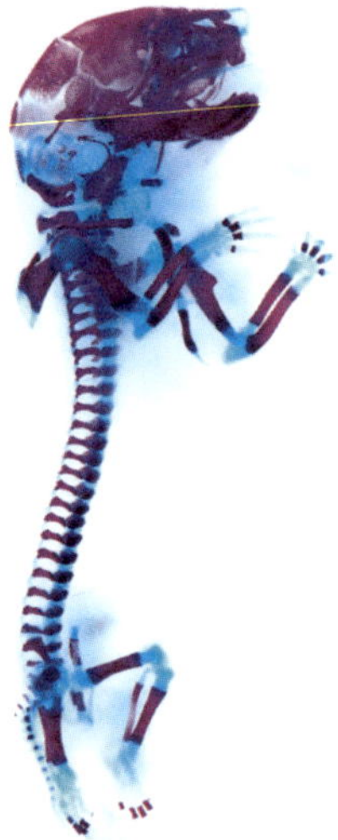

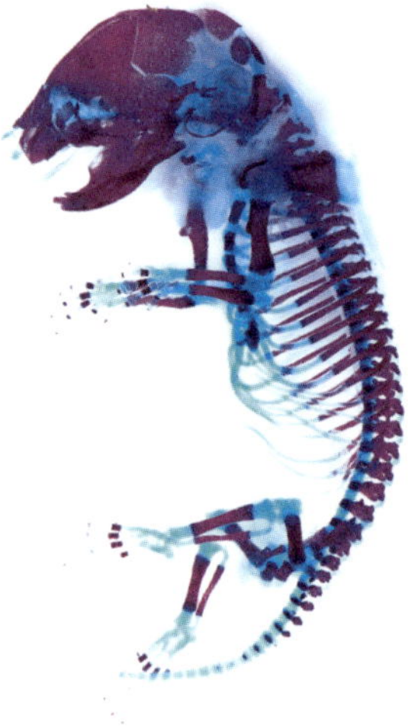

Rippenloser Mausembryo, entstanden durch das Ausschalten eines *Hox-Gens*, welches bei der Herausbildung der Rippen eine Rolle spielt. / Ribless mouse embryo as a result of knocking out a *Hox gene*, that plays a role in the formation of ribs.

Richard Pell, Center for PostNatural History

Eine kurze Einführung in die Geschichte des Postnatürlichen

Bereits seit Jahrtausenden nutzt der Mensch Techniken wie Domestizierung, Zuchtwahl und – in jüngerer Zeit – Gentechnik, um Gestalt und Verhalten von Lebewesen tief greifend zu verändern. Diese Veränderungen sind nicht selten kulturspezifisch geprägt und gewähren Einblicke in unausgesprochene Sehnsüchte und Ängste der Menschen, sie sind Spuren der Kultur in der Natur. Der Ausdruck *postnatürlich* verweist auf anthropogene Eingriffe in den Evolutionsprozess, die sowohl beabsichtigt als auch vererbbar sind – ungeachtet aller potentiell unerwünschten Auswirkungen. Das Postnatürliche als Begriff beschreibt eine gezielte und dauerhafte Umgestaltung von Lebewesen, die mehrere Phasen durchläuft.

Phase 1: Habitatkontrolle

Als Auslöser für postnatürliche Veränderungsprozesse fungiert der Mensch, der die Verantwortung für den Lebensraum einer anderen Art übernimmt. Durch das Zusammenleben oder das Errichten von Einfriedungen zum Schutz vor Raubtieren greift er in den *natürlichen* Selektionsdruck ein, unter dem ein Organismus steht. Dies bringt physische Merkmale und Verhaltensweisen hervor, die in der freien Natur rasch der Selektion zum Opfer fallen würden. So entwickeln etwa in Gefangenschaft gezüchtete Tiere viel häufiger das für Albinos typische reinweiße Fell, als ihre *natürlichen* bzw. wild lebenden Artgenossen.

Am anschaulichsten verkörpert dieses Phänomen vielleicht die weiße Laborratte, deren Ursprung einen Mikrokosmos des Postnatürlichen darstellt. Anfang des 19. Jahrhunderts wurden große Städte wie London und New York von einer Rattenplage heimgesucht. Das öffentliche Bewusstsein assoziierte Ratten nach wie vor stark mit der Pest, das Fangen und Töten der Tiere war zu einem einträglichen Geschäft geworden. Die gefangenen Ratten wurden für Tierkämpfe eingesetzt: In finsteren Kneipen versammelten sich Männer um große Holzpferche und wetteten auf die Zeit, die ein Hund benötigte, um hundert Ratten zur Strecke zu bringen.

Dieser Zeitvertreib – ursprünglich als kommerzielle Strategie zur Eindämmung der Rattenplage gedacht – erwies sich als so populär, dass sich daraus das Heimgewerbe der Rattenzucht entwickelte: Vielleicht zum ersten Mal in der Geschichte wurden Ratten gezielt in Gefangenschaft gezüchtet. Die Albinoratten, die dabei gelegentlich zur Welt kamen, wurden als Kuriositäten ausgesondert. In freier Wildbahn werden Tiere mit auffällig weißem Fell auf dunklem Boden schnell zur Beute von Räubern, doch im postnatürlichen Habitat der Rattenzucht genügte diese ungewohnte Erscheinung, um so manches Albinoexemplar vor den Hunden zu retten.

Phase 2: Reproduktionskontrolle

Es dauerte nicht lange und die äußerlich *reine* weiße Ratte verlor die kulturelle Assoziation mit Schmutz und Pest. Sie wurde von viktorianischen Frauen als Haustier gehalten, die ihr unter der Bezeichnung *fancy rat* (dt. Farbratte) ein neues Image verpassten. Die im 19. Jahrhundert populäre Tätigkeit des Rattenzüchtens fetischisierte die Ästhetik neuer Fellfarben und -muster, die aus der Kreuzung von schwarzen, braunen und weißen Ratten hervorgingen. Diese Populationen speziell gezüchteter Ratten bildeten im 20. Jahrhundert den Grundstock für die Forschungslabore der Genetik.

Die Zuchtwahl führt zu einer dramatischen Beschleunigung

postnatürlicher Veränderungsprozesse. Durch das Züchten von Pflanzen und Tieren in Gefangenschaft greift der Mensch in die Reproduktion anderer Arten steuernd ein. An reinrassigen Hunden tritt dieses Phänomen besonders deutlich zutage: Merkmale, die vor hundert Jahren subtile Kennzeichen einer beliebten Rasse waren, wurden rasch karikaturhaft übersteigert. Unter manchen Hundezüchter*innen kursieren noch heute eugenische Konzepte der Rassenreinheit. Sie töten oder sterilisieren Hunde, die nicht alle typischen Eigenschaften *reinrassiger* Tiere aufweisen. In manchen Fällen gefährden hoch prämierte, durch Inzucht entstandene Merkmale die Gesundheit der Tiere in grundlegender Weise. So hat sich zum Beispiel der Schädel Englischer Bulldoggen in den letzten hundert Jahren so stark vergrößert, dass die meisten Weibchen ihre Jungen mittels Kaiserschnitt zur Welt bringen.

Phase 3: Gentechnik

Das Aufkommen der Gentechnik Ende des 20. Jahrhunderts erhöhte die Geschwindigkeit postnatürlicher Veränderungen drastisch. Wissenschaftler*innen, die nicht länger an zufällige Mutationen oder züchterische Gegebenheiten gebunden waren, konnten nun die DNA von Organismen direkt manipulieren. Eine der ersten Methoden bestand in der Fähigkeit, einzelne Gene an- oder abzuschalten. Der *Gen-Knockout* – ein heute noch häufig praktiziertes Verfahren – hilft die Funktionen individueller Gene zu verstehen. Während Eingriffe in einzelne Gene zumeist keine sichtbar veränderten Organismen hervorbringen, wirken sich Gene, die die Musterbildung in der frühen Körperentwicklung beeinflussen, mitunter einschneidend auf die Erscheinung von Lebewesen aus. Die Modifikation von HOX-Genen in Mäuseembryonen, die für die Musterbildung während der embryonalen Entwicklung zuständig sind, führte etwa im Labor des portugiesischen Molekularbiologen Moisés Mallo zu höchst unterschiedlichen Resultaten.

Postnatürliche Veränderungen sind das Ergebnis eines komplexen Aushandlungsprozesses zwischen menschlichen Sehnsüchten, der Vitalität von Organismen, die ihren eigenen Gesetzen gehorcht, und bloßem Zufall. Es ist unmöglich, die spezifischen Auswirkungen einzelner Handlungen präzise vorherzusagen. Ebenso wenig können Eingriffe in einzelne Organismen von den daraus resultierenden ökologischen Veränderungen getrennt werden. Sie bedingen sich in stetiger Wechselwirkung gegenseitig, angetrieben und genährt von den Wünschen der Menschen.

Die Intentionalität des Menschen ist ein unscharfes Konstrukt angesichts der Konflikte und inneren Widersprüche, die die Interpretation kultureller Aktivitäten mit sich bringt. So lässt sich das Postnatürliche jenseits der reinen Wissenschaft in der Sphäre der menschlichen Kultur verorten. In einer Bibliothek fände es seinen Platz nicht neben Ökologie, Biologie oder gar Anthropozän, sondern würde sich zu Werken aus allen Fachgebieten gesellen: Textilkunde, Architektur, Technik, Militärgeschichte, Landwirtschaft, Design, Religion, Sport, Musik, Kunst und Erotik. Das Postnatürliche zählt zu den ältesten Formen der kulturellen Produktion, es findet sich in steinzeitlichen Höhlenbehausungen ebenso wie in Mietwohnungen, biologischen Gemüsegärten und Industrieplantagen: Wir können ihm ebenso wenig entkommen wie uns selbst.

A Brief Introduction to PostNatural History

For millennia human beings have harnessed domestication, selective breeding, and, more recently, genetic engineering to dramatically alter the morphology and behavior of the living world. These changes are often culturally specific–windows into unspoken human desires and fears, the culture within nature. The *postnatural* refers to anthropogenic interventions into evolution that are both intentional and heritable, regardless of potential, subsequent, and unintentional consequences. It is a conceptually inclined adjective used to describe the purposeful and permanent modification of living species. And it happens in stages.

Stage One: Habitat Control

Postnatural changes begin when humans take responsibility for the habitat of another species. By cohabiting with or building a fence to protect it from predators, humans modify the *natural* selection pressures on the organism. This allows for physical traits and behaviors to emerge that would quickly be selected out in the wild. For example, animals bred in captivity are far more likely to express the stark white fur of albinism than their *natural* or wild counterparts.

This whiteness is perhaps most iconically embodied by the white laboratory rat. Its origin story is a microcosm of all things postnatural. By the early nineteenth century, rats were plaguing large cities like London and New York. The association of rats with the plague still lies heavy in the public consciousness, and rat catching and killing had become a viable career option. The captured rats were used in a blood sport known as rat-baiting. In dark taverns, men would gather around a large wooden pen and bet on how long it would take for a dog to kill one hundred rats.

Developed as an entrepreneurial rat abatement strategy, the sport proved so popular that it inadvertently created a cottage industry in rat breeding; it was perhaps the first time in history that rats were intentionally bred in captivity. Occasionally, an albino rat would be born and set aside as an oddity. In the wild, stark white fur against a dark ground makes an easy meal for a predator, but in the postnatural habitat of a rat breeder's care, the sheer novelty of an albino specimen could help save it from the dogs.

Stage Two: Reproductive Control

It wasn't long before the outwardly *clean* white rats were shed of their cultural association with filth and the plague and transformed into the pets of Victorian women who rebranded them as *fancy rats*. The popular nineteenth-century activity of rat fanciers fetishized the aesthetics of novel coat colors and patterns that emerged from *mixing* black, brown, and albino rats. It is these populations of selectively bred rats that become the foundational stock of the genetics research labs of the twentieth century.

Selective breeding dramatically accelerates postnatural change. By breeding plants and animals in captivity, humans play a curatorial role in the reproductive life of other species. Purebred dogs are an especially visible example of this phenomenon: traits that were once subtle signifiers of a cherished breed one hundred years ago have rapidly became cartoonish exaggerations of themselves. Eugenic concepts of racial purity still persist among some dog breeders who will cull or sterilize dogs that do not exhibit all of the textbook traits that have been assigned to the *pure breed*. In some cases, highly awarded inbred traits put the basic health of the animal at risk. For example, the skulls of English Bulldogs have grown to such an extent over the last one hundred years that most females can only give birth through caesarean section.

Stage 3: Genetic Engineering

With the advent of genetic engineering in the late twentieth century, the rate of postnatural change underwent a dramatic increase. No longer limited to emergent mutations or constrained by the realities of breeding, scientists were able to directly manipulate the DNA of organisms. One of the first techniques developed was the ability to turn an individual gene *on* or *off*. Still a common practice, *knocking out* a gene is useful in beginning to understand the function of an individual gene. While the vast majority of single-gene changes do not manifest into a visibly altered organism, genes that influence pattern formation in early body development can have a dramatic effect on the appearance of an organism. For example, in the lab of Dr. Moisés Mallo in Portugal, developmental pattern formation genes—known as HOX genes—were altered in embryonic mice with wildly diverging results.

Postnatural changes are a product of a complicated negotiation between human desire, the autonomous vitality of living organisms, and simply contingency. It is impossible to predict with any degree of specificity what the consequence of any single action will be. It is also impossible to separate the changes made to an organism's biology from the resulting changes to its larger ecology. They continually create one another—with human desire as the fuel in the engine, just as nitrogen is in the soil.

Human intentionality is a blurry construct, accompanied as it is by all the conflicts and internal contradictions that emerge from the interpretation of cultural work. This situates the postnatural outside the realm of pure science, veering into the zone of human culture. If we were to propose a place in the library to locate the *postnatural*, it would not be alongside ecology, biology, or even the Anthropocene. Instead, it would be distributed throughout and between books on textiles, architecture, engineering, military history, agriculture, design, religion, sports, music, art, and erotica. It is one of the oldest forms of cultural production, present in our Stone Age cave dwellings, our rented apartments, our organic vegetable gardens, and our industrial plantations. We cannot avoid it any more than we can avoid ourselves.

Impressum / Colophon

Diese Publikation erscheint anlässlich der Ausstellung *Kreaturen nach Maß – Tiere und Gegenwartsdesign*, 16. September 2018 – 6. Januar 2019, Marta Herford. / This publication is published on the occasion of the exhibition *Creatures Made to Measure – Animals and Contemporary Design*, 16 September 2018 – 6 January 2019, Marta Herford.

Das Projekt entstand nach einem Konzept von und in Kooperation mit der Designerin und Kuratorin Tanja Seiner, München. / This project was developed from a concept by and in collaboration with the designer and curator Tanja Seiner, Munich.

Katalog / Catalogue

Redaktion / Editors
Friederike Fast, Ann Kristin Kreisel, Tanja Seiner

Texte / Texts
Elio Caccavale, Friederike Fast, Rea Grünenfelder, Ann Kristin Kreisel, Roland Nachtigäller, Richard Pell, Tanja Seiner, Eva Wolpers

Gestaltung / Layout
Johannes Tolk

Übersetzung Deutsch-Englisch / Translation German-English
Chris Abbey, Jeremy Gaines

Übersetzung Englisch-Deutsch / Translation English-German
Elfi Cagala

Englisches Lektorat / English Proofreading
Laura Preston

Lithografie / Litography
Lorena Volkmer

Projektmanagement / Project Management, Kerber Verlag
Lydia Fuchs

Schrift / Typeface
Suisse Works, Helsinki, FF Din

Die Deutsche Nationalbibliothek verzeichnet diese Publikation in der Deutschen Nationalbibliografie; detaillierte bibliografische Daten sind im Internet über http://dnb.dnb.de abrufbar.
The Deutsche Nationalbibliothek lists this publication in the Deutsche Nationalbibliografie; detailed bibliographic data are available on the Internet at http://dnb.dnb.de.

Gesamtherstellung und Vertrieb / Printed and published by

Kerber Verlag, Bielefeld
Windelsbleicher Str. 166–170
33659 Bielefeld
Germany
Tel. +49 (0) 5 21 / 9 50 08-10
Fax +49 (0) 5 21 / 9 50 08-88
info@kerberverlag.com

Kerber, US Distribution
ARTBOOK | D.A.P.
75 Broad Street, Suite 630
New York, NY 10004
Tel. +1 (212) 627-1999
Fax +1 (212) 627-9484

Kerber-Publikationen werden weltweit in führenden Buchhandlungen und Museumsshops angeboten (Vertrieb in Europa, Asien, Nord- und Südamerika). / Kerber publications are available in selected bookstores and museum shops worldwide (distributed in Europe, Asia, South and North America).

Umschlagabbildung / Cover illustration
Konstantin Grcic: Architecture for dogs: Paramount, 2012, Selbstbaumöbel, Podest, Spiegel, Teppich, Glühbirnen / Do-it-yourself furniture, pedestal, mirror, carpet, bulbs, 79 × 42 × 90 cm

Courtesy für die abgebildeten Werke von / for the reproduced works by
Aleksandra Domanović: Tanja Leighton, Berlin; Melanie Bonajo: AKINCI, Amsterdam

Fotonachweis / Photo credits
Cover: Hiroshi Yoda
S. / pp. 6, 30–31, 66–67, 69, 76–77, 104–105: Johannes Tolk;
S. / pp. 12–13, 36–37: Frederik-Busch; S. / pp. 20, 94–95: Hans Schröder;
S. / pp. 38–39, 41: Tobias Bärmann; S. / pp. 48: Hiroshi Yoda;
S. / pp. 57: Matt Carasella; S. / pp. 58–61: Tim Bowditch; S. / pp. 84: Anja Köhne;
S. / pp. 87: Ernst Moritz; S. / pp. 120–121: Christian Schmeer

Trotz sorgfältiger Recherchen ließen sich nicht alle Fotonachweise ermitteln. Nicht genannte Rechteinhaber wenden sich bitte an die beteiligten Leihgeber. / In spite of extensive research it was not possible to ascertain all photo credits. We kindly request right holders not mentioned here to contact the participating lenders.

ISBN 978-3-7356-0528-3
www.kerberverlag.com

Printed in Germany

Marta Herford

Direktor / Director
Roland Nachtigäller

Kaufmännischer Geschäftsführer / Chief Executive Officer
Andreas Kornacki

Kuratorisches Team / Curatorial Team
Franziska Brückmann, Friederike Fast, Ann Kristin Kreisel,
Eva Wolpers (Kuratorische Assistenz / Curatorial Assistance),
Annemarie Gareis, Rea Grünenfelder, Minh Tam Ngo (Praktikant*innen / Interns)

Registrarin / Registrar
Ute Willaert

Öffentlichkeitsarbeit / Public Relations
Daniela Sistermanns, Michael Trapp (Bibliothek und Archiv / Library and Archive),
Nele Rullkötter, Maria Korosteljow (Assistenz / Assistance)

Veranstaltungsmanagement / Event Management
Nicola Sudhues, Melanie Heilmann, Petra Michalsky-Müsse, Irina Reim-Berezko,
Martina Steinbrück

Bildung und Vermittlung / Education
Angela Kahre, Angelika Höger, Sabine Marzinkewitsch, Stefanie Keil (KulturScouts OWL)

Führungen und Workshops / Guided Tours and Workshops
Maren Ackenhausen, Hirmiz Akman, Janne Bauholzer, Anna Degenkolb, Carsten Gude,
Dennis Kehr, Kim Lempelius, Azzizah Mahmut, Inga Elisabeth Michaelis,
Mara Johanna Rinderlin, Lars Rosenbohm, Johanna Schuler, Anke Stratmann-Horn,
Isabel Thiele Paredes, Tabea Sabrina Weber

Verwaltung / Administration
Claudia Konschak, Hendrik Bartels, Angela Wöhler

Prokurist / Authorized Signatory
Andreas Sacher

Empfang und Museumsshop / Reception and Bookshop
Stefanie Kirchhoff, Siegrid Brunsch, Tina Christoffer, Marianne Marten

Besucherservice / Visitor Service
Esther Althage, Noelle Bach, Christian Bambis, Kira Brennenstuhl, Lucienne Hoebbel,
Olesja Klippenstein, Rieke Michaelis, Alexandra Negru, Hendrik Reckmeyer, Andrea Schewe,
Susanne Schiwek, Oliver Wiegner, Janina Wöhler

Technik / Technicians
Michael Train (Leitung Ausstellungstechnik / Technical supervision of the exhibitions)
Hans Schröder (Museumstechnik, Hausfotograf / Technician, internal photographer)

Dirk Friedrich (Haustechnik / House technician)

Aufbauteam / Exhibition team
Martin Mühlhoff, Uwe Schäperkötter, Franjo Tholen, Christian Vossiek

Szenografie / Scenography
Johannes Tolk, Susanne Münzner

Danksagung / Acknowledegments
Marta Herford dankt den Designer*innen und Künstler*innen, allen Leihgeber*innen, sowie Tanja Seiner und Johannes Tolk für die engagierte Zusammenarbeit. Ebenso gilt unser Dank den Sponsoren für die großzügige Unterstützung. / Marta Herford would like to thank the designers and artists, all lenders as well as Tanja Seiner und Johannes Tolk for their engagement and collaboration. Our sincere thanks also goes to our sponsors for their generous support.

Ausstellungsförderer / Exhibition Benefactor

OCA
Office for Contemporary Art Norway

Materialsponsor / In-kind Sponsor

FLÖTOTTO

Marta Herford Corporate Premium Partner

Marta Herford Corporate Partner

Marta Herford Förderer / Supporters

Kulturpartner / Culture Partner

Medien- und Werbepartner / Media Partner and Advertising Partner

www.marta-herford.de

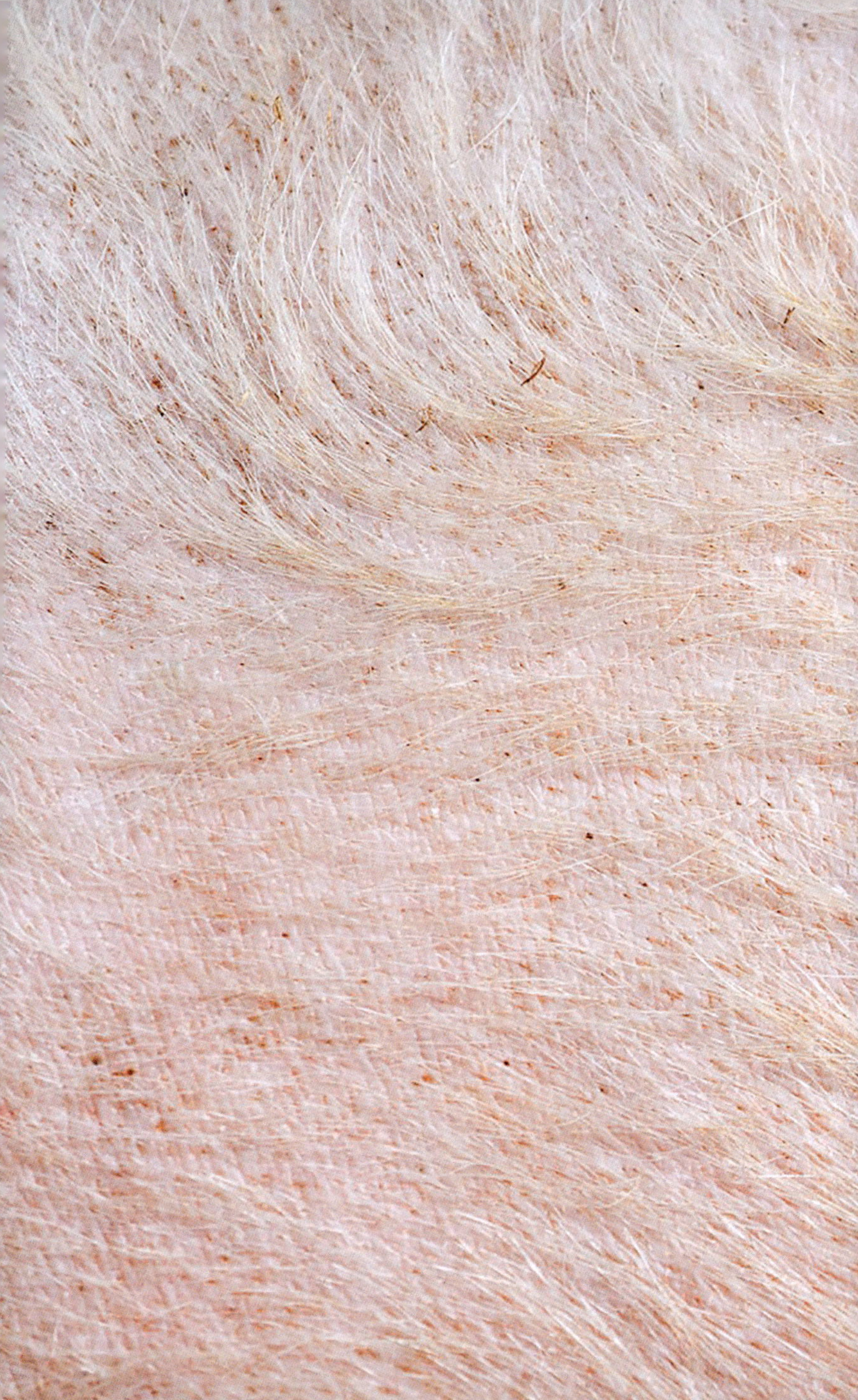

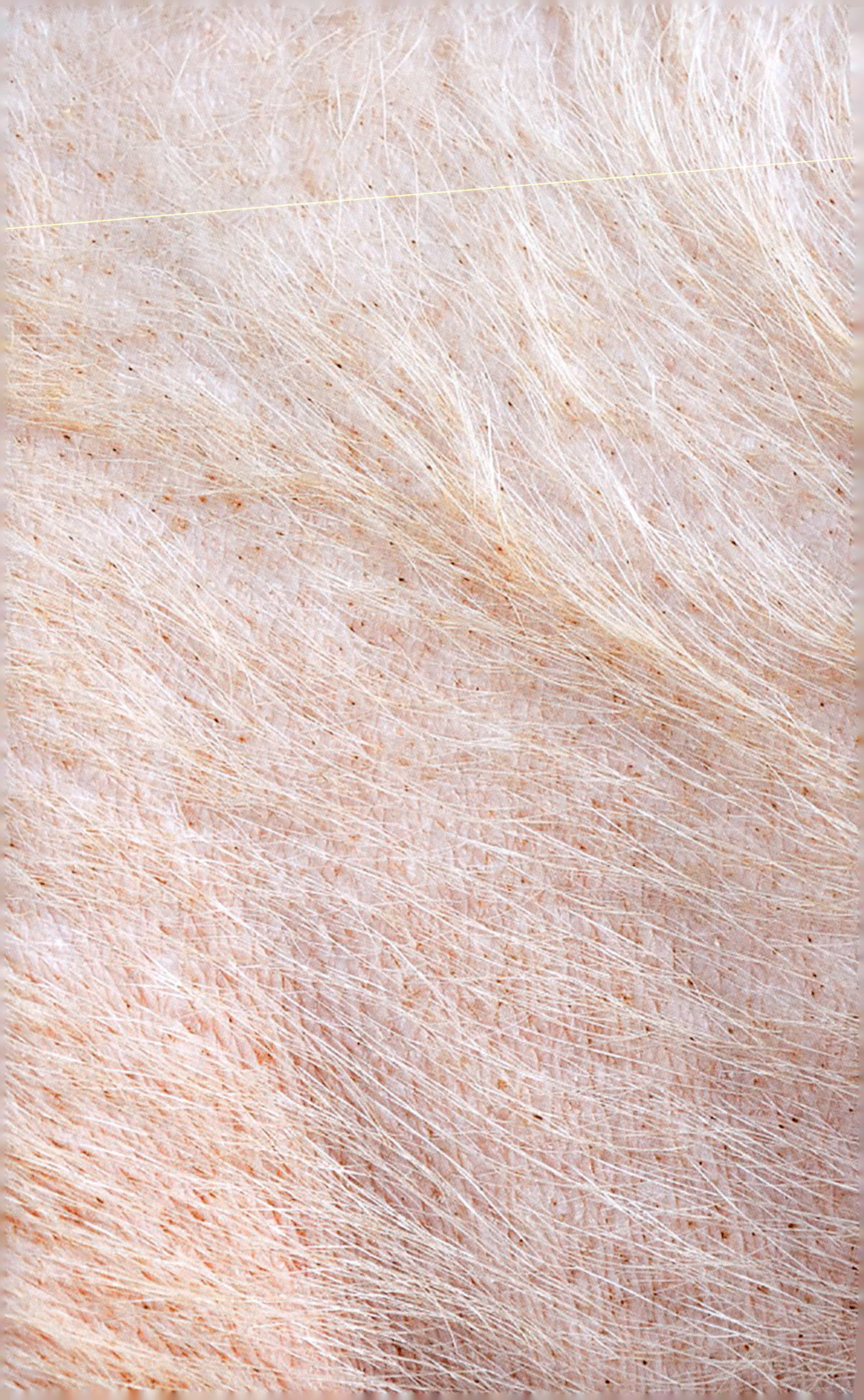